教育実践と教職員
教職理論の課題

編著 榊　達雄
　　 早川教示
　　 片山信吾

大学教育出版

まえがき

　東海教育自治研究会会員有志による共同研究の成果として、2006年5月に公刊した『現代教育と教師』（榊達雄・酒井博世・笠井尚編、大学教育出版）について、単なる改訂にとどまらず、あらためて研究会の成果を出版することにした。その理由は、公刊後8年経過したというだけではなく、教育をめぐる状況、とりわけ教育行政の状況に大きな変化が見られたからである。例えば、2006年12月には教育基本法が全面改定され、2007年6月には学校教育法、地方教育行政の組織及び運営に関する法律、教育職員免許法および教育公務員特例法の一部改正が行われ、2008年3月には小学校および中学校の学習指導要領が改訂・公示され（高等学校学習指導要領の改訂・公示は2009年3月）、同年7月には改定教育基本法17条1項に基づく教育振興基本計画が閣議決定（第2期教育振興基本計画は2013年6月閣議決定）されている。また、全国一斉学力テストが、2007年から2009年まで実施されている（2013年に復活）。他方、教育現場では、"いじめ"による生徒の自殺、体罰による生徒の自殺が起こっており、マスコミでも大きくとりあげられている状況がある。こうした教育行政その他の状況を背景に、研究会の成果の蓄積を踏まえて、出版することにしたわけである。

　本書は、現代の教育における教師の役割に焦点を当てて、教師をめぐる問題を包括的に検討した前書を、発展させるために、あらためて本研究会の前身の名古屋教職理論研究会時代の教職理論研究の「四つの接近法」（勝野尚行「教職理論研究の四つの課題」勝野尚行編『教育実践と教育行政 ― 教職理論研究序説 ―』法律文化社、1972年、7-19頁）を今日の状況にあうように解釈して、適用させることにした。「四つの接近法」は、①教育技術論からの接近、②専門職論からの接近、③教育行政論への接近、④教育労働者論からの接近、で構成されている。①では、教育を受ける権利を保障する教育（労働）は専門職労働ないし学問的労働でなければならないことを論じ、②では、教師＝教職が専門職とみなされるべきであることは、対国家的関係のなかでこそいわれなければならないことを論じ、③では、教職が専門職であることに対応した教育行政はどうあるべきかを

論じ、④では、教職が専門職であることと、教師の社会的存在が労働者であることとの関係（教師の専門職性と労働者性との関係）を論ずることになるとしていた。

　今日教育行政は、教育教条整備や学校の経営はもとより教育実践、専門職としての教師のあり方、労働者としての教職員のあり方までも統制の下に置こうとしているといってもいい過ぎではない状況にある。他方、教育は国民協同の事業であると考え、開かれた学校づくりを進める教職員・父母・住民の運動もある。すなわち、教育行政は、教育実践、専門職教師のあり方、労働者教師のあり方それぞれを統制しようとし、他方教職員、父母・住民は協力・共同して、教育行政によるそれぞれの統制を批判し、真に子どもの教育を受ける権利を保障するよう教育行政に要求している。現実のきびしい教育の状況を変えていくためには、教職員は、父母・住民と手をつなぎ、教職員組合はもとより、一般の労働組合とも連携が不可欠なのである。本書は、こうした状況下と「四つの接近法」を踏まえて、第Ⅰ部では、教育行政は教育実践自体を統制しようとしているが、教育実践は子どもの教育を受ける権利を保障する学問的実践でなければならないこと、および教育行政がその教育実践の条件整備をすべきことを論じている。第Ⅱ部では、教育行政は教師を専門職であると同時に労働者であることを認めようとしないが、教師は対権力との関係で専門職であると同時に、その社会的存在が労働者であることを教育行政に認めさせる運動が必要であることを論じている。第Ⅲ部では、教育行政は制度や経営を通して、教職員を全面的に統制下に置こうとしているが、教師や事務職員等は教師が専門職であることに対応した教育行政・経営のあり方を要求していることを論じている。

　最後に、本書の出版に際しては、大学教育出版の佐藤守社長、編集部の安田愛氏に大変お世話になった。ここに記してお礼申し上げる次第である。

2014 年 8 月

編　者

教育実践と教職員
― 教職理論の課題 ―

目　次

まえがき ……………………………………………………………………… i

第Ⅰ部　教育実践論

第1章　子どもの発達と教育実践 …………………………………………… 2
1. 子どもの人間的発達の特徴　3
2. 可能性を信頼するということについて　6
3. 発達と学習 — 教育実践の課題 —　9

第2章　教育実践と教育理念 — 男女平等思想の理念を中心に — ………… 15
はじめに　15
1. 教育課程と男女平等 — 保健体育科を中心に —　16
2. 教育実践と男女平等 — 学校におけるハラスメント問題 —　18
3. ジェンダーと教育　21
おわりに — 教育における男女平等と教師の役割 —　23

第3章　子ども・父母・住民とともに教育実践の創造
　　　　　— 原発・放射線をめぐる教育実践を通して — ……………………… 27
はじめに　27
1. 原発・放射線をめぐる教育実践に取り組む意義　28
2. 原発・放射線をめぐる教育実践 — 子どもの主体的な学びの保障 —　32
3. 地域で学び合った原発問題 — 父母・住民とともに —　36
おわりに　37

第4章　障害児教育実践 ……………………………………………………… 39
1. 障害児教育実践の実態と問題　39
2. 発達保障の障害児教育実践　42
3. 障害児の教育への権利保障の動向 — 世界と日本 —　46

第5章　教育実践と体罰問題 ………………………………………………… 51
1. 岐阜県における体罰問題 — 中津商業高校事件・岐陽高校事件 —　51
2. 最近の体罰問題 — 桜宮高校事件 —　54
3. 教育において体罰をなくす課題　55

第Ⅱ部　専門職労働者論

第1章　教師の教育権 …………………………………… 64
  1. 教師の教育権の理論と現実　*64*
  2. 教師と諸主体との法的関係　*67*
  3. 「教員の地位に関する勧告」にみる教師の教育権　*69*

第2章　教師の専門職性と労働者性 …………………… 73
  1. 教師の労働者性　*73*
  2. 教師の専門職性　*76*
  3. 教師の専門職性と労働者性との統一的把握　*80*

第3章　教職員組合運動 ── 岐阜県の場合を中心に ── …… 85
  1. 教職員組合運動の実際　*85*
  2. 私立学校教職員組合の運動　*89*
  3. 教職員組合運動の課題　*92*

第4章　青年教師論 ……………………………………… 97
  1. はじめに ── いじめ自死事件から青年教師の問題を考える ──　*97*
  2. 青年教師の置かれた位置　*98*
  3. 専門職労働者としての青年教師　*105*

第5章　教師の超過勤務問題 …………………………… 107
  1. 教師の超過勤務の問題　*107*
  2. 教師の超過勤務裁判 ── 公務外処分取消請求事件を中心に ──　*111*
  3. 専門職労働者としての教師と超過勤務　*114*

第Ⅲ部　教育行政・経営と教職員

第1章　教育条件整備と事務職員 …………………………………… *120*
1. 学校における事務職員の位置　*120*
2. 教師と事務職員との協力・共同　*121*
3. 事務職員の課題　*124*

第2章　教育課程行政・経営と教師
　　　　── 教育振興基本計画と目標管理の問題 ── …………… *132*
1. 教育課程行政と教師をめぐる問題　*132*
2. 2006年教基法改正と教育課程　*135*
3. 教育振興基本計画と教育の目標管理　*138*
4. 教師の職業上の自由と教職員団体の役割　*143*

第3章　教員養成制度の原則と課題 ……………………………… *144*
1. 戦前の教員養成制度　*144*
2. 戦後の教員養成の原則の確立と展開　*147*
3. 転換期を迎えた教員養成制度　*150*

第4章　教員評価制度の問題 ……………………………………… *156*
1. 教員評価の意義　*156*
2. 教員評価制度のねらい　*158*
3. 教員評価の国際的動向と課題
　　── ILO・ユネスコ「教員の地位に関する勧告」を基準として ──　*162*

第5章　学校施設・設備と教職員 ………………………………… *168*
1. 学校施設計画・運営の課題　*168*
2. 学校施設整備の新たな前提　*171*
3. 学校教育改革と学校施設・設備の整備　*176*

第Ⅰ部　教育実践論

第1章 子どもの発達と教育実践

　教育は、生身の生きた人間を対象とする営みであり、対象たる子どもの人間的発達の実現を目的としている。この子どもの発達過程は、歴史的社会的諸条件、科学芸術等の文化的諸条件、あるいは個人の生理的諸条件等、種々の要因の複雑な相互関係の下で実現されていく過程であり、それゆえ教育実践に取り組むにあたっては、こうした諸条件を十分にふまえた対応が求められることになる。

　同時に、教育が生きた人間を対象とする営みであるということは、自らも外界に向かって能動的に働きかけていく主体者として存在する人間を対象とするということである。このことは、教育実践は子どもとのたえざる相互交渉の過程において展開されていかなければならないということ、さらには、教育の対象としての子どもの人間的発達を目指そうとする教育の目的は、常に対象たる子ども自身の主体的な活動を媒介にしてのみ実現できるということを意味している。教育は、子どもの主体的、能動的活動をどう引き出すか、という課題を常に内包している[1]。

　しかしながら日本の教育現実は、こうした教育の基本的特質をふまえた教育実践が展開されているとは必ずしも言えない状況が広がっている。例えば、子どもの発達を保障する諸条件への全体的な配慮を欠いたまま、教師と児童生徒との直接的な関係（場面）においてのみ教育実践を位置づけようとする技術主義、あるいは、子どもの個人的な努力のみでその発達が実現できるかのように子どもを追い込んでいく精神主義、子どもの主体的活動を考慮に入れない管理主義、その逆に子どもの主体的興味関心をどう引き出すかに無関心なつめこみ主義等々は、すでにその問題性が以前から指摘されているにもかかわらず、一向に解消される気配が見えない。

　こうした状況の背後には、国民の教育を受ける権利の保障とその実現に向けての支援という教育行政の本来の任務[2]に反して、国家の教育権を当然視し教育実践に対する一元的管理・統制を強めてきている教育政策の責任が大であること

は言うまでもないが、他方では子どもたちと直接かかわり、教育実践に携わっている教師たち自身の教育、子どもについての認識の希薄さも関わっているように思われる[3]。

　以下本章においては、教育現場で子どもたちに直接対峙する教師が踏まえておくべき発達観、人間観、教育観について確認しておきたい。

1. 子どもの人間的発達の特徴

（1）発達とは何か

　教育実践の意味、役割を考えることは、子どものそしてより一般に人間の発達について考えることである、と言ってよいであろう[4]。なぜなら、教育は子どもの成長、発達の実現を軸に営まれるものであり、子どもの発達の実現を目指して目的意識的、系統的に取り組まれるのが教育だからである。

　ところで、発達という概念は、例えば「(寒冷)前線の発達」「都市の発達」などといったように、非常に広範囲に使われている。そしてこのように使われる場合には、ある事柄の時間的経過に伴う質量の変化、といった意味合いが込められている。このことを、子どもを含めた生物一般に限定してみれば、「発達とは、生物の形態と機能が、時間とともに意図的にまた自然に変化する現象を意味する」[4]といったようにとらえることができよう。換言すれば、発達とは、「人間にとっては、年齢にともなう心身の質量の変化」[5]、ということになる。しかしながら、教育実践の場において子どもの発達を考えようとする場合には、このような一般的理解にとどまっているわけにはいかない。なぜなら、教育実践はこの変化の過程に直接間接に関わる目的意識的営みであり、それゆえ、発達を「変化」という発達の結果としての表面的現象においてのみとらえるのではなく、その過程において変化を引き起こす要因（原動力）との関連も含めて、よりダイナミックにとらえておかなければならないからである。

　変化を引き起こす要因を何に求めるかという視点からさまざまな発達観を捉えなおしてみると、①変化を引き起こす要因に特にこだわらず、「変化」という現象に着目する現象説、②誕生時に生得的に与えられている力が次第に姿をあらわしてくる過程としてとらえる生得説（遺伝説、自然説）、③環境など外的要因

からの働きかけを受けて変化していく過程として発達を捉える環境説（学習説）、④生得的なものと環境的要因の相互作用に着目する輻輳説、⑤発達主体の能動的活動に着目する創造説（獲得説）などに分類することができる。しかしながら、人間の変化を引き起こす要因は、このどれか一つということはあり得ず、発達の過程はこれらの諸要因の複雑な相互関係の下で進行していくものである。

（2） 子どもの発達過程の特徴

上記のことに留意しながら、子どもの発達過程にみられる特徴を整理するとおおよそ以下のとおりである。

① 「子どもを含めてあらゆるものの発達……は、周囲の現実に対するそのものの『あらゆる多様な関係の総和』によって条件づけられている」[6]。

ポルトマンが明らかにしたように[7]、子どもが母親の胎内で命を育む過程で形成される、後の人間的発達の土台となるべき生理的資質は、他のどんな動物にも見られない高度な可塑性を具えており、豊かな発達への可能性を秘めている。しばしば子どもの発達の方向性を決定的に規定するものとして理解されがちなこの生得的資質は、むしろ「先天的に与えられた"限界"としてではなく、その時点でもつ"可能性"として把握する」ことが必要である[8]。

しかしながら、いかに高度な可塑性を持ち、豊かな発達の可能性を秘めているとしても、子ども（人間）が生得的に獲得しているさまざまな生理学的素質は、それだけを取り出してみれば、最初は現実的な意味を持った具体的な力としては存在しない。それらが現実的な力（能力）に転化していくためには、誕生後の子どもたちが人間社会の中に取り込まれ、固有の位置を与えられ、周囲の人々と多様な関係を取り結ぶことによってである。子どもをそうした社会的関係の中に迎え入れ、その発達のための基本的条件を準備するのは大人の責任であり、大人はそして社会はそのための最善の努力を払わなければならない[9]。

② 子どもに与えられている所与の条件は、必ずしも子どもの発達を決定づけるものではない。

子ども一人ひとりの発達は、あらかじめ与えられたさまざまな条件を前提として進行する。子どもの発達の前提となっている条件は、例えば生得的に与えられている遺伝的、自然的条件であり、例えば人間を取り巻く家庭環境や

教育的環境あるいは社会的・文化的な環境といった外的条件、環境的条件である。これらは子ども一人ひとりの発達過程においては、いわば制約条件として働く。しかしながら、この所与の条件は、発達に関する遺伝説や環境説が考えるように、人間の発達の中身をあらかじめ方向づけ決定してしまうほど決定的な役割を果たすものではない。むしろ重要なのは、そうした所与の条件に対して、発達主体（発達していく当の本人）がどう関わっていくか、例えば、自分が何を選択したか、何に興味を持ったか、あるいは、自分の置かれた環境に対してどのような態度をとったか、など、その人の構えや活動によって、自分自身や外的環境に対してどのような関わり方をしたのか、が重要になってくる。子どもの発達は、こうした制約条件との「たたかい」をとおして発達主体本人が、主体的、能動的に作り出していく、あるいはつかみ取っていく過程なのである[10]。それだからこそ、子どもの発達過程は、個々人によって、さまざまな道を歩むことになり、個性的なのである。

③　子どもの発達は必ずしも直線的にすすんでいくものではない。

　こうした「たたかい」の過程は、決して順調に進むわけではない。子どもの発達過程は、漸進的に、順を追って進んでいくように見えるが、実際には、「ゆきどまり」と「まちがい」、停滞と後退を繰り返しながら、時には、飛躍を交えて、進んでいくダイナミックな過程である。それゆえ子どもの発達過程において重要なのは、なかなか先に進めず、ゆきづまっているときである。それは具体的には、できない、わからない、間違うといった状態にあるときである。要するに子どもは、間違いを通して発達していくのであって、間違いをどう乗り越えていくか、という点が最も重要である。教育の観点からすれば、「間違い」を犯さないことが基本なのではなく、間違いやつまずきを、どうしたら乗り越えられるか、ということが、大切なのである。

④　子どもの発達過程は、決して個人的な性質をもつものではなく、むしろ、社会的性質をもったものである。

　個々人の発達は、個々人の内部において発現するものではあるが、それは純粋に個人の内部だけで自己完結的に展開されていくものではない。それは、その個人が取り結ぶような人々（親や教師、友人や仲間など）や家庭的、文化的、社会的諸条件との相互関係の下で展開していくものである。個人の発達

は、周囲の人々との育ちあう関係の下で成立しているのであり、その個人が所属する集団の質も、個人の発達に大きな影響を与えている。それゆえ発達は、個人的責任（自己責任）にのみ帰されてはならない。

2. 可能性を信頼するということについて

(1) なぜ、「発達の可能性」を信頼するということを問題にする必要があるのか

　教育は、すべての人々にとって必要なものであり、ある一部の、あるいは特定の人々にのみ与えられる特権的なものではない。われわれが関わる教育実践は、「すべての」子どもを対象としている。このことを、私たちは、憲法26条、教育基本法4条等で確認している。さらにすべての子どもに教育を保障することを権利として承認するということは、同時にすべての人々が、生後変化・発達する余地を持っていることを認める、ということでもある。周囲の人間が、この子はもうこれ以上発達するのは無理だ、と思った瞬間から、その子に対する教育的働きかけは意味のないものとされてしまう。そのように判定された子どもは、教育を通して自らの可能性を現実的な力に変えていく過程に参加していくことの意義を否定され、そのことをあきらめざるを得なくなる。

　教育は、誰もが今の状態よりも変化し、発達していくものである、ということを前提にしてはじめてなりたつのである。このことを、私たちは、「誰もが発達の可能性を持っている」と表現する。教育実践に携わろうとする者は、このことを深く心に刻んでおかなければならない。繰り返しになるが、この可能性は、特定の子どもにだけ認められるものではなく、すべての子どもに発達の可能性がある、ということが認められなければならない。しかし現実には、すべての子ども（時には自分自身をも含めて）の「発達の可能性」を信頼することは決してたやすいことではない。

(2) 「可能性」とは何か、可能性を信頼する、とはどういうことか

　「可能性」という言葉は、何ごとかが現実的なものになることを保障するための言葉ではない。「あなたには可能性がある」というのは、必ずなれるというよ

りは、なれるかもしれない、なれない場合もあるといった、これからどうなっていくのかわからないというニュアンスが含まれている。また、70％の可能性などといった具合に、「可能性」はしばしばどれくらいあるか、実現できるかどうかの割合を示すものとして使用されることもある。しかし、可能性とは、割合の問題ではない。現実の問題としては、可能性とは、結果的にある事柄が実現できるか、できないかという、相反する両側面を同時に含んだ概念である。

　このように考えると、「発達の可能性を信頼する」ということは、実際にはこれから具体的にはどうなっていくかわからない部分があることを予測しながら、信頼しなければならない、ということになる。それだけに、子どもの可能性を信頼するということは、現実にはそれほどたやすいことではない。

　子どもが発達の過程で獲得していく力は、その後の子どもの発達過程の前提条件として、その方向性を大きく規定する。ある方向への発達の実現は、見方を変えれば、別の方向への発達を遅らせたり狭めたりする。それゆえある時点での子どもの状態を一面的、固定的にとらえてしまうと、それはその後の発達を切り開くものとしてではなく、むしろ可能性を狭め、限界づける機能を果たすものとして見えてくることがある。とりわけ子どもの能力を固定的にとらえ、ある時点での能力水準によって子どもの価値を評価しようとする能力主義の観点からすれば、子どもたちが獲得してきた能力を、その後の豊かな未来を切り開く可能性を含んだものとして受け止めることができるのはごく少数の一部の子どもに限られ、多くの場合には逆にその後の発達に見切りをつけ、あきらめさせる働きをするものとしてとらえられている。このような、発達の過程において、子どものあるいは自分自身の可能性に見切りをつけ（見切りをつけられ）、あきらめてしまう（あきらめさせられる）ような状況におかれている子どもは多数いるのである。先述したように、子どもの可能性が信頼できなくなり、それに見切りをつけ、あきらめてしまった時点で、教育の出番はなくなる。それは、子どもの発達の実現を手助けするという教育の役割から見れば、教育の敗北を意味する。

　私たちは、このような能力主義的な発達観を克服して、子どもの可能性を信頼し続けなければならない。かつて河合隼雄は、「人間はすべてのことができるはずがなく、何ができない、ここが限界だと解るときがある。そのときに、そのことによってのみ人を評価するのではなく、勉強ができないとか、どうも人とうま

く話せないとか、いろいろの欠陥があろうともそんなことは人間本来のもつ尊厳性にかかわりのないことを、指導する立場にある人が、はっきりと腹の底に据えて知っていることが大切である」と述べた[11]。

　人間の尊厳性とは、もちろん人間が本来持っている絶対的価値のことであり、何物にも代えがたい存在であること、そしてそれゆえにすべての人々が品位ある存在として認められるということである。さらに加えて言えば、すべての人間が人間らしく発達していく可能性を具えている、ということを認めることである。可能性があるとは、どうなっていくかその時点で確定しているわけではないが、発達の道筋を歩んでいくことそれ自体の人間にとっての価値を認めるということである。すべての子どもたちが、人間的に発達していくことの必要性、重要性を認めなければならない。これからどうなっていくかわからないけれど、自分や相手が発達していくことの価値（意義、値打ち）、必要性をどれだけ認めることができるかがポイントになる。発達の可能性を信頼する、ということには、自分や相手をかけがえのない存在として認めることができるということが根底になければならない。子どもの現状に見切りをつけてしまったり、あきらめてしまったりするところからは、可能性を信頼するということは生じない。

　実際には、子どもの可能性を信頼し、何事かに挑戦することによって新しい世界（新たな可能性）が見えてくる。可能性とは探り出すというよりは、作り出していくものである。かつて近藤薫樹はこのことを、「挑まぬものに発達なし」[12]と表現した。換言すれば、何もしなければ、何も見えてこないということである。しかしながら、このことは、「可能性」とは、何事でもあきらめずにやればいつかできるようになる、といった単純なことを言っているのではない。ことがらには、うまくいかないこともある。しかし、うまくいかなかったのは、「可能性がなかったから」ではない。うまくいかないのには、それなりの条件がある。それを見つけて、挑戦を継続することが、大切なのである。

　要するに、可能性を信頼する、というのは挑戦するに値する何事かを見つけ、それを具体的・現実的なものに変えていくための地道な営みを継続し続ける、ということである。

3. 発達と学習 ― 教育実践の課題 ―

(1)「学び」を組織することの必要性について

　教育実践は、相手に対して、さまざまな方法・手段を用いて何事かを伝えるという働きかけ（＝教える）を通して、相手を成長させ（育て）ようとする目的意識的な行為である[13]。「教える」という行為は、単に相手に、何事かを伝えるということで終わるのではなく、相手が「育つ」（育てる）ことを実現して初めて意味があるものとなる。しかしながら、ここで注意しなければならないのは、「教える」という行為が自動的に子どもの「育ち」を引き起こすものではない、ということである。教える側と教えを受ける側は、別人格であり、教えるという行為が、相手の育ちにつながるためには、教えられたことを受け止めながら自らの育ちを作り出そうとする教えられる側の主体的な営みがなければならない[14]。このことを現実の教育実践の場に当てはめて言えば、教えるという行為は、自らの内部に変化を引き起こそうとする子どもの「学び」（学習活動）を媒介にしてはじめて意味をなすのである。

　さらに言えば、この「学び」（学習活動）という営みは、自然発生的に生まれるものではない。内発的な向上心とか、何事かに対する興味関心などは、もちろん自然発生的に生み出される場合もあるが、何に対する好奇心か、とか、どうなりたいか、などといった育ちの中身、方向性は、先天的に決まっているわけではなく、周囲の人々との関係や自分がおかれた文化的な環境、自分に示された教材の中身などから大きな影響を受ける。それゆえ、教育する側は、相手の興味・関心や向上心などといった意欲を引き出せるように、何事かを伝えなければならない[15]。

　しかしながら、日本の学校教育の現状は、子どもたちの学びを組織することに十分に成功しているとは言えない状況にある。

(2)「学び」の現状

　かつて佐藤学は、「『学び』から逃走する子どもたち」[16]という表現で、日本の子どもたちの学習離れの状況に警告を発した。また「子どもの学習離れが確実に

進み、中学生、高校生、大学生の基礎学力が低下している。実際に、一般の印象とは異なり、塾などの時間を含めても中高生の学校外での学習時間はどんどん短くなっている。よく勉強する子がいる一方で、ほとんど勉強しない子が増えている」といった指摘もあった[17]。実際 OECD が 3 年ごとに実施している「生徒の学習到達度調査（PISA、2003）」においては、「通常の授業以外の宿題や自分の勉強をする時間について、わが国の生徒は週当たり平均 6.5 時間で、OECD 平均の 8.9 時間より短い。また、数学の宿題や自分の勉強をする時間については、わが国の生徒は週当たり平均 2.4 時間で、OECD 平均の 3.1 時間より短い」といった結果が示され、社会に衝撃を与えた[18]。

こうした事態を重く見た政府は、2000 年代に入って、「学び」を重視する政策を矢継ぎ早に打ち出した。手始めは、文部省が発表した「確かな学力の向上のための 2002 アピール「学びのすすめ」（平成 14 年 1 月 17 日）」であり、いわゆる歯止め条項を廃止して、発展的学習を奨励した 2002 年学習指導要領一部修正であり、さらに 2006 年教育基本法改定に当たっては、6 条において「自ら進んで学習に取り組む意欲を高める」ことを教育に期待する条文を追加し、2008 年の学校教育法改訂にあたっては、30 条 2 項において、「生徒の学習習慣が確立するよう配慮」することを学校に求めた。

また 2008 年および 2009 年に改訂された学習指導要領においては、総則において「学校の教育活動を進めるに当たっては、各学校において、生徒に生きる力をはぐくむことを目指し、創意工夫を生かした特色ある教育活動を展開する中で、基礎的・基本的な知識及び技能を確実に習得させ、これらを活用して課題を解決するために必要な思考力、判断力、表現力その他の能力をはぐくむとともに、主体的に学習に取り組む態度を養い、個性を生かす教育の充実に努めなければならない。その際、生徒の発達の段階を考慮して、生徒の言語活動を充実するとともに、家庭との連携を図りながら、生徒の学習習慣が確立するよう配慮しなければならない」として、学びに主体的に取り組む態度を育てることを特に強調した。ここに示されているように、改訂学習指導要領においては、一方で基礎的知識・技能の定着および活用力の育成が強調されると同時に、いわばそれと並置する形で学びへの意欲や学習習慣を育むことの必要性が強調されている。ここには、改訂以前の学習指導要領が採用していた学力形成に関する戦略に大きな変更

がみられる。

　すなわち、改訂以前のいわゆる「ゆとり教育」路線においては、学び手たる児童生徒の「関心」「意欲」を重視し、それと学習内容を直接に関連付け、能動的な学習活動を引き出し、その過程で「自ら学び」「自ら考える」思考力、判断力を形成し、その結果として必要とされる知識、理解の獲得に至る、という学力形成の道筋が想定されていたように思われる[19]。これに対して改訂学習指導要領は、まずは基礎的知識の定着の必要性を強調し、そのための「繰り返し」「反復学習（スパイラル）」を重視し、そうして獲得された知識をさらに活用力へ転嫁させる、加えてそれと並行させて学習態度、学習習慣の確立を求めるという道筋が想定されている。子どもの内発的意欲や関心を軸に、子ども自身の行動や体験を通して、知識や理解に到達させようとするのか、基礎・基本の知識をしっかり定着させ、それを軸に活用力に発展させようとするのか、ということである。

　はたして、基礎的知識あるいは活用力の必要性、その意義を強調することだけで、児童生徒の学びへの意欲を取り戻すことができるのであろうか。

（3）　学習からの疎外の進行とその克服に向けて

　学びに背を向ける子どもたちがよく使う言葉がある。「なんで勉強なんか、せんならんの？」（学習の目的、意味がわからない、自分にとっての学習の必要性がわからない）、「勉強はつまらない、面白くない、しんどい、めんどくさい」「こんなつまらないこと、よくやるなー？」（「学び」に対して受け身的になっている、学習に対する取り組み方がわかっていない）、「なんでこんなことやらんといかんの？」（学びの中身に興味が持てない）などなどである。

　こうした状況におかれたままの子どもたちが、無理やり学習に取り組もうとすると、どうなるか。試験があるから、親がうるさく言うから、先生が口やかましいから、といった具合に本来自分自身の問題であるはずの学習が、自分とはかかわりのない他人事になってしまう。その結果学びへの態度は、仕方ないから、一応やったふりをする形式的、外面だけの態度をとるようになる、とりあえずその場を取り繕うことになる。こうした態度での学びは、当然のことながら十分な成果をもたらすことがなく、その結果学習に対するあきらめ、無関心が増大していく。学習へのニヒリズムの状態に陥ってしまう。それはまた学びをバカにする、

まじめに学習に取り組んでいる人の邪魔をしたり、足を引っ張ろうとする、学習に対するシニシズムの増大を伴うこともある。さらにはどうせ自分は馬鹿だから、勉強したって仕方ないといった具合に、自分に対するあきらめ、ひらきなおり、自分で自分に見切りをつける否定的自己評価の獲得に至ることもある。

　学びに背を向け、逃げようとする学びからの逃走の背後には、上記のような「学習からの疎外[20]」の深刻化があるように思われる。

　この状況を克服するために必要なことは何か。基本的には学びを自分のものとしてどう取り戻すか、というところにある。なぜこれを学ぶのか、その意味が分からない、自分にとっての意味が分からないまま強要されてきた学びから、自分自身の要求に基づく学びにどう転換するか、ということである。

　前述したように、いわゆる「ゆとり教育」は学び手たる児童生徒の関心意欲を重視し、それと学習内容を直接に関連付けることによって、学びを子どもたちの手に取り戻そうとしていた。しかしながら、現実の教育場面においては、やりたいことをやろうという方向性は、その裏側で、やりたくないことはやらない、やりたい人がやればいい、という傾向を生み出してしまい、それが学びからの逃走に拍車をかけてしまった。

　「やりたいことをやろう」ということは、「やりたいことは何なのかを探そう」「やりたいことを見つけよう」そしてそれに取り組もう、という働きかけを伴うべきものであって、本来「やりたくないなら、やらなくていい」ということに直接つながるものではない。その過程では、「やりたいこと」を狭く限定しないで、その枠を拡げていく営みが必要なのである。学習の意味は、やりたい、やりたくないといった学び手の個人的、主観的感情を超えて、現代社会における必要性、客観性に裏付けられた課題とつながっていかなければならない。

　英語の need には、〜が必要だ、という意味と、〜が欲しい、〜を求めるという2つの意味合いが含まれている。すなわち主観性と客観性が統一されている。自分の学びへの要求は、自分にとっての学びの意味の問い直しが伴わなければならず、それはさらには学び手自身の生き方の問い直しともかかわる作業も必要となってくるのである。

　現代における教育実践の課題は、単に主観的な学習への意欲態度を一面的に強調する主観主義に陥ってはならないのであって、学ぶべき事柄の意味と学び手の

主観的要求とを統一的に受け止めることのできるプロセスを生み出すことにあるのである。

注
1) 人間的発達過程の特徴および発達と教育の相互関係については、酒井博世「教育労働と人間的発達」勝野尚行編『教育実践と教育行政 — 教職理論研究入門 — 全訂版』法律文化社、1979年、酒井博世『発達と教育の基礎理論』教育史料出版会、1988年等参照。
2) 旧教育基本法 10 条〈教育行政〉
「教育は、不当な支配に服することなく、国民全体に対し直接に責任を持って行われるべきものである。
　2．教育行政は、この自覚のもとに、教育の目的を遂行するに必要な諸条件の整備確立を目標として行われなければならない。」
3) 前掲、拙著『発達と教育の基礎理論』16-17 頁。
4) 勝田守一『現代教育学入門』有斐閣、1966 年、20 頁。
5) 『心理学用語辞典』学文社 「発達」の項。
6) コスチューク「子どもの教育と発達との相互関係について」柴田他編『資料ソビエト教育学 — 理論と制度』新読書社、1976 年、231 頁。
7) ポルトマン、高木正孝訳『人間はどこまで動物か — 新しい人間像のために』岩波新書、1961 年。
8) 乾孝『乾孝幼児教育論集』風媒社、1972 年、132-133 頁。
9) 子どもの権利条約は第 3 条において「子どもに関するすべての措置をとるに当たっては、(略)子どもの最善の利益が主として考慮されるものとする」と規定している。
10) この考えは、今日では市民生活の中に深く根付いている。たとえば、松江市のホームページから、トップページ＞暮らしのガイド＞子育て・健康・福祉＞子育て＞子どもの発達って何＞とたどっていくと、「人間の発達を一言で言えば、「ひと」として産声をあげてこの世に生まれ出て、そして自らをすばらしい「人間」に作りあげていくすじみちといえます。」という説明に達することができる（2014 年 1 月現在）。
11) 河合隼雄『大人になることのむずかしさ』岩波書店　1996 年。
12) 近藤薫樹『ジグザグ賛歌』日本福祉大学生活協同組合、1984 年、36 頁。
13) 「『教育』という日本語は、漢語に起源をもつ外来語であるが、言葉の意味としては、『教える』『育てる』という二つの大和言葉の合成語である」『現代教育学辞典』労働旬報社、1988 年。
14) 「教育は、子どもの生活、子どもの行動に一定の要求を出すことによって、心理的特性の形成過程を方向づける。教育作用の効果は、その要求の内容や性格に左右されるだけでなく、その要求を子どもがどのように受け取り、その要求の遂行にどのように参加するか

ということによっても左右される。」コスチューク、前掲論文、223頁。
15)「教育というものは、単に教師がどのように話をしたりたり、伝達したり、説得したり、説明したりするかということだけでなく（もちろん、それも重要なことだが）、生徒の生活や活動を実際にどのように組織したり、方向づけたりするかに従って、様々の仕方でその目的を達成する。ところで、そういう組織化の成否は、それぞれの生徒のこれまでの発達過程において形成されてきた環境に対するかれの主体的態度、かれの行動を実際に動かしている動機、その他の彼の性質を、教師がどのように考慮し、利用し、また必要な方向へと変えるかに依存しているのである。」同上、226頁。
16) 佐藤学『学びから逃走する子どもたち』岩波ブックレット、2000年。
17) 苅谷剛彦「学力の危機と教育改革 ― 大衆教育社会の中のエリート ―」『中央公論』1999年8月号。
18) 国立教育政策研究所「PISA2003年調査国際結果の要約」より。
19) この方針にもとづく標準学習時間の削減、学習内容の精選が結果的に「基礎学力低下」の批判を招き2008、2009年の学習指導要領改定に至ったわけである。
20)「学習からの疎外」とは、本来自分の問題であるはずの学習が、自分に対してよそよそしい他人事(ひとごと)として向かってくる状態のことであり、学習を自分とは関係ない、無縁なものとして関わりをもとうとしなくなる状態のことである。

第2章　教育実践と教育理念
── 男女平等思想の理念を中心に ──

はじめに

　「まえがき」にもあるように、この数年で日本の教育をめぐる状況に大きな変化を生じさせたものとして、とりわけ2006年の教育基本法「改悪」が挙げられよう。特に「男女平等」という視点で重要なのは、5条が「男女共学の趣旨が広く浸透」[1]したという理由から、削除された点であろう。
　さらに改憲論も高まっている。2012年末に亡くなったベアテ・シロタ・ゴードン氏は日本国憲法14条1項──法の下の平等──および24条──婚姻における個人の尊厳と両性の本質的平等──の成立に尽力したことで知られている。彼女が守りたかった女性の権利、特に24条については自民党の草案では「家族の協力」が強制されており、女性への家庭役割（家事、育児、介護等）の押し付け、強化につながりかねない。
　これら一連の動きの背後には、2002年あたりから顕著になり始めたジェンダーフリー・バッシングの影響[2]が指摘できよう。例えば2002年6月に民主党の78議員（当時）による「健全な教育を考える会」（代表幹事、山谷えり子議員）は、「行き過ぎたジェンダーフリー教育や性教育から子どもたちを守る」として結成された。その翌2003年に起こったのが東京都立七生養護学校（当時、現：七生特別支援学校）に対する、都議や都教育委員会による「不適切な性教育」という理由での教育内容への介入であった。その後も2005年4月に「過激な性教育・ジェンダーフリー教育実態調査プロジェクト」（座長：安倍晋三、事務局長：山谷えり子）が結成されるなど、保守派の攻撃が激しさを増した。2009年にいったん、民主党政権が樹立したものの状況はさほど変わらず、2012年に自民党が政権を奪還、第2次安倍内閣が発足、成長戦略として「女性の活躍推進」を掲げるものの、上記の動きからは男女平等やジェンダー公正な社会への実現は、今も危うい状況にあるといえる。

そもそも、男女平等とは何か。かつて「トイレも風呂も更衣室も男女共用」とバッシング派から批判[3]されたような、ジェンダーフリーとは形式的に何でも男女同じにすることだ、というような暴論（バッシング側のレッテル貼り、「ためにする」批判）ではなく、人権の問題である。性を理由にした差別や、支配・被支配の関係の固定化を解消するために必要な思想である。また、同様にバッシング派が批判する「ジェンダー」は、男と女だけでなく、性的マイノリティも含めた差別の問題に切り込むための重要な概念である。

一方で、現在「男女平等」の思想は、いわゆる「保守派」ですら否定できない価値になっている。あからさまに「男女平等反対」と言えば、反発されるであろう。ゆえに、「男女平等」を否定せずに「個人の選択」として性別役割分業の強調をしているのである。実際、保守派は「男女の特性」を擁護する形で、（それを認めていないと彼らが勝手に思い込んでいる）「ジェンダーフリー」を主張する人々にバッシングをしているのである。

本章では、教育基本法が「改悪」された2006年以降の動向を中心に、以下の点を見ていきたい。「1　教育課程と男女平等」では、特に保健体育科に着目し、体育分野おける共修および保健分野における性に関する内容について概観し、「2　教育実践と男女平等」では、学校におけるハラスメント問題について、「3　ジェンダーと教育」では、データを基に、特に高等教育における男女格差について概観したい。

1. 教育課程と男女平等 — 保健体育科を中心に —

本章の「はじめに」でも触れたが、1947年制定教育基本法の5条「男女共学」が削除された。この「男女共学」の一般的な定義としては、「男女の児童・生徒などが同一教室で同一の教師から同一授業を受けること」[4]といえようが、実際に「浸透」しているのだろうか。

2006年の教育基本法「改悪」後の2008年に新学習指導要領が告示され、現在では実施に至っている（小学校2011年度、中学校2012年度、高等学校2013年度）。新学習指導要領実施後、「男女共学」の視点から何らかの変化はあったのだろうか。特に近年「スポーツとジェンダー」研究が精力的にすすめられているこ

第 2 章　教育実践と教育理念 ― 男女平等思想の理念を中心に ―　*17*

とから、本節では教科として保健体育科に注目する。保健体育科における体育分野の問題として、男女の体力差による「別修」が挙げられるが、変化はあったのか。また「性教育／ジェンダーフリー・バッシング」に関連して保健分野に含まれる性に関する内容についても概観したい。

（1）体 育 分 野

　一般的に、中学校になると男女一緒の授業は難しいと言われるものの、「体育の男女共修が広がりつつあ」り、「その競争場面において、いくつかの工夫がなされている」[5]という指摘がある。一方で、例えばすでに1989年告示の学習指導要領で男女必修になったダンスについて「東京都公立中学校保健体育科教員を対象に新学習指導要領告示前の平成19年度、告示後の20年度、先行実施開始の21年度、完全実施の24年度のダンス授業計画について調査した」、「結果、男子の1、2年生必修計画率は平成19年度の10％から平成24年度の60％まで年々増加する見込みであったが、女子の80％に比べて少なく、ダンスの男女必修化の履行計画は十分とは言えなかった」[6]という。また「共修」という点では、「1989年の改定では『男女共修』も謳われたが、現状は、これまでの男子を対象としたダンス教育に関する研究は皆無に等しいことも相俟って、男子生徒に対するダンス授業は質・量にも極めて乏しく、内容もフォークダンスに偏っているという結果も報告されている」[7]という。

　さらに「平成元年の保健体育及び体育の学習指導要領改訂は」、「20年近く経た今も男女別カリキュラムをはじめとする性別二元論は強く残」り、「女子差別撤廃条約の批准家庭科の男女共修という国内外の動向が流れを作り、体育自体が内包していた男女差別的な制度やカリキュラム内容に関わる議論がほとんどみられず、選択制の導入によって実践上の問題を議論上回避したことなどが認められた」[8]という。

　以上から、体育分野においては、現在も「男女差別的な制度やカリキュラム」の問題を内包したままであり、多くの学校は別修であることが推察できる。

(2) 保健分野における性に関する内容

　先述のように2003年に起こった東京都立七生養護学校への教育内容介入（さらに性教育教材も没収）前後から「性教育／ジェンダーフリー・バッシング」が激しかったが、特に保健体育科で扱う内容もある性教育に関して、新学習指導要領では変化があっただろうか。

　1998年告示の中学校学習指導要領保健体育編では、いわゆる「はどめ規定」として「受精・妊娠までを取り扱うものとし、妊娠の経過は取り扱わないものとする」としていたが、2008年告示の学習指導要領もこれに変化はなかった。なお、保健教科書中の性に関する内容としては、性知識の面（「性器の名称」「精通」「初経」「受精」「妊娠」「自慰」「性感染症」等）は記載量としては減少傾向にあり、さらに「男女共同参画」について掲載されていた教科書（大日本図書）についてもその内容が減る一方、「『性情報への対処』や『生命の尊重』等に関しては情報量が増加しており、単に科学的な知識というよりこういった学習を通して、性被害・加害の防止や青少年の性行動の早期化を食い止めようとする意図がよりおおきくなっている」[9]と指摘されている。科学的な性知識を学習するよりも、生徒指導的、道徳的指導が強調されがちであることが推察できる。

　小・中学校とも、今回の改定で保健体育科の標準授業時数は増えた（小：6年間で計540→597、中：3年間で計270→315）ものの、性に関する内容に関しては、実際には「はどめ規定」が残っており、教科書においても分量が削減されてしまった。さらに性教育に関して言えば、現在もバッシングの影響が響いており、保護者等からのクレームを恐れ、学校教育で行うことは難しい状況にあるといえる[10]。

2. 教育実践と男女平等 ── 学校におけるハラスメント問題 ──

　前節の保健体育科に関連し、体育・スポーツの分野の問題で記憶に新しいのは、2012年に大阪市で部活動での体罰を苦に高校生が自殺した事件であろう。この事件がきっかけとなり、体育・スポーツにおける暴力問題が社会問題化した。さらに、金メダリストによる女子柔道部員への準強姦事件や、女子柔道強化選手へのコーチによる暴力行為やハラスメント行為等が明るみに出たように、体育・ス

ポーツの分野における女性への性暴力事件は憂慮すべき状況にある。
　以下では、スポーツ・部活動におけるハラスメント問題と、学校におけるハラスメント問題について概観したい。

（1）スポーツ・部活動におけるハラスメント問題
　スポーツライターの山田ゆかりによると「スポーツ界のセクシュアル・ハラスメント問題は、小声ではあるが、実はずいぶん前から指摘され」、「中学、高校、大学の運動部でもセクハラ、性犯罪は枚挙にいとまがない」[11]という。
　また関口によれば「スポーツ・部活動分野には、セクハラの原因となるジェンダー・バイアスを助長するシステム」――「それは、記録や勝敗・指導的立場での男性（教員）の優位性、競技スポーツの男女分権、選手とマネージャーなどの男女ケア関係の固定の役割化、男性集団の閉鎖的ホモソーシャル文化（女性蔑視・同性愛嫌悪・異質な男性排除）、等々」――[12]があるという。関口の指摘から、スポーツ・部活においては、教師と生徒の関係以上の権力関係（指導者と選手、選手とマネージャー等）を推し量ることができる。それゆえ、ハラスメントの防止対策として、権力をもった側（＝指導者）への対策、例えば、「女性の顧問、指導者」を置くこと[13]、指導者への「性と人権についての教育・学習」[14]等が挙げられている。しかし、女性顧問、指導者については「中高の教員の男女比率からして女性教員は少ない」し、「文化系には女性教員を当ててもスポーツ系は全て男性、という考え方をする人が管理職には多い」[15]と指摘されており、実現の可能性は難しい状況にあるといえる。
　また、「子どもや生徒にも性と人権に関する教育や学習が必要」[16]という重要な指摘もあるが、これも1.でみたように、性に関する内容を学ぶことは現状では難しいといえる。

（2）学校におけるハラスメント問題
　中～大学の運動部以外でも、小学校の児童、男子[17]、セクシャルマイノリティの子ども[18]も、性被害――スクール・セクシュアル・ハラスメント[19]――に遭っている。
　そもそも子どもにとって安心・安全なはずの学校で、ハラスメントが存在して

はならないが、不幸にして子どもが被害に遭った場合、相談することもままならない状況にある。亀井によると、「子どもが相談者を選択する時…（略）…『保健室の先生』を選ぶことが多い」が、人員（単数配置か複数配置か）や、人間関係（孤立しがち）、また研修の機会の少なさから、「校内における教職員が絡むセクハラに関しては、子どもから相談されても積極的に動くことは難し」く、「特に管理職からの被害であればなおさら」[20]という。なぜなら、「校内相談窓口は、圧倒的に管理職・養護教諭としている学校が多い」が、「管理職との力関係を考えると解決に持って行けるとは考えにくい」[21]からである。

　校内の相談機関が機能しないならば、第三者機関を窓口にすることが考えられるが、これは「珍しい取り組み」[22]であるという。さらに、「事実を確認するのは、依然として当該校の管理者であり、教育委員会の指導主事であることが多」く、「被害を申し立てた人にとっては不利な状況になることがしばしば見受けられる」[23]という。

　なお、一般の教員に対しても、ハラスメントを防止するための研修は必須であると思われるが、実際にはスクール・セクシュアル・ハラスメントの研修を行っている学校は少ないという[24]。

　ところで（1）においてハラスメント防止として、指導者に対する「性と人権についての教育・学習」が指摘されていたが、教員養成段階である大学・短大において、男女平等やジェンダーについて学べる機会はあるのだろうか。例えば、単純ではあるが「女性学・ジェンダー論関連科目データベース」で大学・短大で開講されている「ジェンダー論」を検索してみると、2000年度には99大学132科目だったのが、2008年度には238大学422科目に増加している[25]。しかし、同データベースで「教育系」で「必修」という条件にしぼって検索してみると、2008年度でも43大学93科目と激減する。管見の限りではあるが、教員養成課程をもつ大学・短大において、男女平等やジェンダーの視点をもつ授業[26]への取り組みが広がっているとは言い難い。

3. ジェンダーと教育

ここでは、国際的な指標から、日本におけるジェンダーと教育について見るために、一例として、「ジェンダー・ギャップ（男女平等）指数」（世界経済フォーラム〔World Economic Forum〕、2013年10月25日）を挙げたい。この結果として、日本は135カ国中総合105位（教育分野91位、保健分野34位、政治分野118位、経済分野104位）と、OECD加盟国中で最下位から2番目であったことがマスコミでも取り上げられた。しかも2011年98位、2012年101位と、回を追うごとに総合順位を落としている。なお、教育分野については前回の2012年の81位から順位を下げている。これは識字率や中等教育までの男女差はあまりないものの、高等教育で男女間格差があると指摘されている[27]。この「ジェンダー・ギャップ指数」には批判[28]もあるものの、男女格差を考える一助にはなると思われる。

そこで「ジェンダー・ギャップ指数」で指摘された高等教育における男女間格差について、「学校基本調査　平成25年度（速報）」[29]を基に概観したい。

表1　大学における男女別学生数と教員数（本務者）

	学校数	学生数 計	男	女	教員数（本務者）計	男	女
計	782	2,868,928	1,652,914	1,216,014	178,810	139,739	39,071
国立	86	614,785	404,805	209,980	63,218	53,993	9,225
公立	90	146,159	70,088	76,071	13,012	9,451	3,561
私立	606	2,107,984	1,178,021	929,963	102,580	76,295	26,285

「第1部　学校調査　1　総括」（「学校基本調査　平成25年度（速報）（大学・大学院）」『e-Stat』政府統計の総合窓口〈http://www.e-stat.go.jp/SG1/estat/List.do?bid=000001049738&cycode=0〉2013.12.2、より一部省略して掲載した。

まず、表1を見ると、4年制大学に通う学生の約42％が女性である。国立・公立・私立の別に見た女性の割合は、順に約34％、約52％、約44％となっており、国立大学においては女性の比率はまだ低めである。また、教員数に至っては女性

の占める割合が全体で約22%、国立が約15%、公立が約27%、私立が約26%と、国立大学の女性教員の割合の少なさが際立っている。

表2　大学の学部別男女比

区分		計			女性の割合
		計	男	女	
計		2,562,164	1,448,323	1,113,841	43%
人文科学		377,153	128,865	248,288	66%
社会科学		848,697	563,515	285,182	34%
理学		80,492	59,369	21,123	26%
工学		389,807	341,814	47,993	12%
農学		75,724	42,734	32,990	44%
保健	計	293,294	120,987	172,307	59%
	医学	52,969	35,885	17,084	32%
	歯学	15,142	9,302	5,840	39%
	薬学	74,649	32,072	42,577	57%
	その他	150,534	43,728	106,806	71%
家政		71,523	7,034	64,489	90%
教育		183,787	75,135	108,652	59%
芸術		70,137	19,978	50,159	72%
その他		171,550	88,892	82,658	48%

「2　大学の関係学科別学部学生数」(「学校基本調査　平成25年度（速報）（大学・大学院）」『e-Stat』政府統計の総合窓口）〈http://www.e-stat.go.jp/SG1/estat/List.do?bid=000001049739&cycode=0〉2013.12.2 より、一部省略して掲載。

さらに詳しく学部別の男女比を見てみると（表2）、依然として、人文科学、薬学、家政、教育、芸術に女性の割合が多く、社会科学、理学、工学、医歯学に女性の割合が少ないことがわかる。現在でも「男女特性論」が進路指導に影響を与えていることが推察できよう。

なお、大学卒業後の進路についても男女間で格差がみられる。

表3　大学卒業者の進路

区分	計	大学院等への進学者	就職者 正規の職員等	就職者 正規の職員等でない者	臨床研修医（予定者を含む）	専修学校・外国の学校等入学者	一時的な仕事に就いた者	左記以外の者	不詳・死亡の者
計	558,853	63,333	353,123	22,738	8,870	9,488	16,850	75,928	8,523
国立	100,134	33,619	47,444	3,513	4,317	783	1,352	8,385	721
公立	27,895	3,912	19,213	652	700	300	309	2,523	286
私立	430,824	25,802	286,466	18,573	3,853	8,405	15,189	65,020	7,516
男	308,817	47,200	184,274	8,053	5,760	5,086	8,554	44,623	5,267
女	250,036	16,133	168,849	14,685	3,110	4,402	8,296	31,305	3,256

「第2部　卒業後の状況調査　―平成25年3月卒業―　38　総括　状況別　卒業者数」(「学校基本調査　平成25年度（速報）（大学・大学院）」『e-Stat』政府統計の総合窓口)〈http://www.e-stat.go.jp/SG1/estat/List.do?bid=000001049738&cycode=0〉2013.12.2 より、一部省略して掲載。

　表3を見ると、大学院進学者のうち女性の割合は約25%であり4人に1人である。また、就職した者の総数（37万5,861人…正規・非正規の合計）のうち、正規の職員でない者の割合は約6%だが、男女別に見てみると男性の就職者全体（19万2,327人）に対し非正規職（8,053人）の割合が男性では約4%なのに対し、女性の就職者全体（18万3,534人）に対する非正規職（1万4,685人）の割合は約8%に及ぶ。この数字を見る限り、より女性の方が正規職に就きづらいという現実が見て取れる。

　以上のように「単純な数字」を見るだけでも、日本社会における「男女平等」への課題が山積していることがうかがわれる。

おわりに ― 教育における男女平等と教師の役割 ―

　以上から、日本において、男女平等やジェンダーの公平性が教育の分野で達成されているかというと、現実には厳しい状況にあると言わざるを得ない。

　また、スクール・セクシュアル・ハラスメントには、子どもも含め、大人・教師のジェンダー・バイアスが横たわっていた。子どもたちを守るためには、大人・教師の認識を高めることが必須であり、男女平等の意識やジェンダーに対する感性を教員養成段階から、また現職中においても研修を重ねていくことが重要になる。

ところで、2006年以降の日本おいて忘れてはならないのは、2011年3月11日に発生した東日本大震災であろう。現在も困難な状況にあるが、特に震災直後の避難所における女性や子どもへの支援の配慮 ― 女性専用の更衣室・物干し場、授乳室の整備や、紙おむつや生理用品の配布等 ― のなさが報告されている。このような事態を回避するためにも、あらゆる場で女性リーダーの必要性が指摘されている[30]。

諸外国に比べ男女間の格差が大きいという日本の課題に対して、さまざまな分野でその解消が俟たれる。特にその影響力からいって、幼児期も含め、義務教育段階から高等教育にかけての男女間格差の解消が急務となろう。個人の特性を見極め、個性を伸ばす教育とは、「男女の特性」や「らしさ」にとらわれない教育でもある。場合によっては、諸外国のように、アファーマティブ・アクションも必要となろう。

注
1) 中教審答申『新しい時代にふさわしい教育基本法と教育振興基本計画の在り方について』2003年3月、文部科学省HP〈http://www.mext.go.jp/b_menu/shingi/chukyo/chukyo0/toushin/attach/1334208.htm〉2013年12月、より。
2) これらの事情については、さまざまな書籍が刊行されている（例えば、浅井春夫・北村邦夫・橋本紀子・村瀬幸浩編著『ジェンダーフリー・性教育バッシング　ここが知りたい50のQ&A』大月書店、2003年12月、日本女性学会ジェンダー研究会編『男女共同参画／ジェンダーフリー・バッシング　バックラッシュへの徹底反論』明石書店、2006年6月、等）。
3) 田中かず子「男女共同参画／ジェンダーフリーは、トイレ・風呂・更衣室の男女共用化をすすめているって本当ですか？」前掲『男女共同参画／ジェンダーフリー・バッシング　バックラッシュへの徹底反論』、28-32頁。また、「正体みたり。」『荻上式BLOG』2006.3.5〈http://d.hatena.ne.jp/seijotcp/20060305〉も参照。
4) 朴木佳緒留「男女共学」『教育学事典』労働旬報社、1988年、531頁。
5) 長澤光雄「体育の学習における競争と男女共同参画に関する研究」『秋田大学教育文化学部教育実践研究紀要』28、2006年4月28日、45頁。
6) 中村恭子「中学校体育の男女必修化に伴うダンス授業の変容 ― 平成19年度、20年度、21年度、および24年度の年次推移から ―」『(社)日本女子体育連盟学術研究』(26)、2009年、1頁。
7) 内山須美子・舩田眞里子「緒言」「ヒップホップダンス授業受講生における動機づけの

検討：フロー感覚に着目した類型化の試み」『白鷗大学教育学部論集』(1)、2010年4月、114頁。
8) 井谷恵子、來田享子、田原淳子「わが国の体育科教育におけるジェンダー・ポリティクスに関する検討 ― 平成元年の学習指導要領改訂を対象に ―」(11.体育科教育学、一般研究発表抄録)『日本体育学会大会予稿集』(58)、2007年9月5日、317頁。
9) 茂木輝順「教科書分析・中学校保健体育科」『季刊SEXUALITY』No.56、エイデル研究所、2012年4月15日、64-73頁。
10) 例えば、ドキュメンタリー番組「ニッポンの性教育　セックスをどこまで教えるか」(『NNNドキュメント '13』中京テレビ制作、2013年5月12日放送〈http://www.ntv.co.jp/document/news43.html〉)での象徴的な場面として、ある中学校で外部講師（産婦人科医）による中学生に向けた避妊法も含めた講演内容に、教師らが及び腰な場面があった。その原因は、もし保護者等からクレームがあったら困るということであった。
11) 山田ゆかり「スポーツとセクシュアル・ハラスメント」『季刊SEXUALITY』No.57、エイデル研究所、2012年7月15日、53頁。
12) 関口久志「スポーツ・部活動とセクシュアル・ハラスメント」『季刊SEXUALITY』No.63、エイデル研究所、2013年10月15日、9頁。
13) 山田ゆかり（村瀬幸浩と対談）「部活動とセクシュアル・ハラスメント ― その闇をひらくために」前掲『季刊SEXUALITY』No.63、22頁。
14) 村瀬幸浩（山田ゆかりと対談）同上、25頁。
15) 山田ゆかり、同上、22-24頁。
16) 村瀬幸浩、同上、26頁、他。
17) 亀井明子「知っていますか！？　スクール・セクシュアル・ハラスメント」前掲『季刊SEXUALITY』No.57、6-7頁。この他に、教員やPTA役員、教育実習生も被害に遭っている。
18) 藤原直子「スポーツや体育教育におけるセクシュアル・マイノリティへのハラスメント ― その現状、そして求められる対応とは」前掲『季刊SEXUALITY』No.63、48-55頁。
19) 「高等学校以下の教育機関や私的な学びの場（例えば塾やスポーツクラブ、その他いわゆる『お稽古事』を学ぶ場。集団指導、個人指導を問わない）で起きる、性的に不快な言動」柳本祐加子「スクール・セクシュアル・ハラスメント ― これをどう問題とし、わたしたちはどうする必要があるのか」前掲『季刊SEXUALITY』No.57、44頁。
20) 亀井、前掲「知っていますか！？　スクール・セクシュアル・ハラスメント」『季刊SEXUALITY』No.57、10-11頁。
21) 同上、12頁。
22) 大阪府教育委員会では、第三者を相談員として置いているという（同上）。
23) 同上、13頁。
24) NPO法人スクール・セクシュアル・ハラスメント防止全国ネットワーク事務局「教職

員のためのセクハラ防止研修」前掲『季刊 SEXUALITY』No.57、40-41 頁。
25) 「女性学・ジェンダー論関連科目データベース」(http://winet.nwec.jp/jyosei/search/ 2013.12.9)。
26) 例えば、「宮城教育大学のカリキュラムに『人間と性』という授業科目を教養科目の一つとして開設したのは、1994 年度である」(数見隆生・土井豊・伊藤常久「宮城教育大学学生のジェンダー意識の現状と課題」『宮城教育大学紀要』第 44 巻、2009 年、109 頁) と比較的早い時期からの取り組みであるが、選択必修である。また、筆者も 2008 年度から 2010 年度にかけて、愛知淑徳大学の小学校教員養成課程における「性の健康」教育に関わったが、この授業も選択必修であった (木全和巳・大塚あつ子・新崎道子・村瀬桃子「小学校教員養成課程における〈性の健康〉教育のとりくみ ―〈性〉をいのちと生き方の視点でとらえる教育をめざして ― 」『日本福祉大学子ども発達学論集』第 2 号、2010 (平成 22) 年 1 月 31 日、53-75 頁)。
27) 「日本のジェンダー・ギャップ指数、さらに後退」ヒューライツ大阪 (一般社団法人アジア・太平洋人権情報センター) (http://www.hurights.or.jp/archives/newsinbrief-ja/section3/2013/10/post-95.html)。
28) 例えば、斉藤雅美「ジェンダーギャップ指数は、適切な指標か」フェミニズムの歴史と理論 (http://www.webfemi.net/?p=1136 2013.11.27)、伊藤陽一「12　ジェンダー統計研究」(http://www.hosei.ac.jp/toukei/shuppan/g_shoho38_12ito.pdf)、杉橋やよい・伊藤「6　主要統計指標の解説 (3)：ジェンダー不平等指数 (GII) (UNDP『人間開発報告書』の新指標)」『NWEC 男女共同参画統計ニュースレター No.5』2011 年 2 月 22 日 (http://www.nwec.jp/jp/data/NWEC-GSNL.5_20110222.pdf)、等。
29) (大学・大学院)『e-Stat』(政府統計の総合窓口) (http://www.e-stat.go.jp/SG1/estat/List.do?bid=000001049739&cycode=0 2013.12.2)。
30) 例えば、竹信三恵子・赤石千衣子編『災害支援に女性の視点を！(岩波ブックレット)』岩波書店、2012 年 10 月 6 日、等。

第3章 子ども・父母・住民とともに教育実践の創造
― 原発・放射線をめぐる教育実践を通して ―

はじめに

　福島第一原発事故以来、エネルギー問題・原発政策の方向や放射能汚染からの避難の方法については社会的に判断が分かれており、しかも大人だけでなく、子どもも含めた「これからの意思選択」にかかわる重大なテーマになっている。

　しかし、教育現場では学習指導要領への対応で忙しくなっており、世論も割れている中で原発や放射線の問題を正面から取り上げることは容易なことではない。

　2012年10月に発行された文科省副読本は「一方的に決められた水路に導く」かたちで作成されている。配布された副読本を読んで、「放射線は安全」という印象を子どもたちに与えかねないものになっている。事故についても「まえがき」で触れているだけである。放射線の効用やメリットについては細かい点まで書いてある。だが、放射線の危険性については余り触れられていない。福島第一原発事故によって放射性物質に晒されて生活している子どもたちに必要なものは、放射線のメリットに関する知識ではないはずである。これまでの「原子力教育」「放射線教育」で「安全・安心」を教え込むような内容に問題はなかったのか、謙虚に反省する姿勢がまったくない。

　「安全神話」に踊らされていた原子力発電、「想定外」が強調された原発事故、このような姿勢であったために国民の命と健康、財産を守ることができなかった。子どもたちの健康や生活を守るために、改めて、原発や放射線についての教育の問い直しが求められている。

　あいち県民教育研究所・教育実践研究部会では、原発・放射線の問題を考える授業実践の検討や教師用の副読本の作成に取り組んできている。2012年2月には「福島原発事故を子どもたちと共に学ぶ ― 実践の構想と授業の提案 ―」、2013年3月には「今、『福島原発事故、原子力問題』とどう向き合うか ― 副読

本『原発事故から学び、未来を考える授業』の提案―」のシンポジウムを企画してきた。それは、子どもたちと共に、教室で原発や放射線をめぐる問題を考えていくことが大切であると考えたからである。

本章では、原発・放射線問題を取り上げる実践的意義、あいち県民教育研究所・教育実践研究部会で提案した教育実践の紹介、親や地域とのかかわりのなかで教師の果たすべき役割を検討したい。

1. 原発・放射線をめぐる教育実践に取り組む意義

（1）子どもの命と未来を守る

放射線・原発問題を取り上げる実践的意義は、子どもたちの命と未来を守るために必要であるということである。教師は子どもたちを守るために学びとして取り上げなくてはならないのである。

まず第1に、「放射能汚染」の中で生活せざるを得ない子どもたち、この国の未来にかかわるこの問題を避けては通れない現実があるからだ。「福島の原発事故で何が起きたのか」「身を守るにはどうすればいいのか」「原発をどうするのか」という問題は避けては通れない問題となっている。教師は、子どもたちの「もっと知りたい」「真実を学びたい」という願いに応えなければならない。子どもたちの願いや不安に応える教育実践をどのように構築するのかが教師に問われている。

第2に、なぜこんなことになってしまったのか、今、どうなっているのか、事実を事実として知ることが大切である。『国会事故調報告書』にも「福島原子力発電事故はまだ終わっていない」、原発事故は、決して「想定外」ではなく、「人災であることが明らか」である[1]としている。

自然災害はもちろん原発事故に「想定外」はない。子どもにとっても人ごとでないことを知り、いかに自分や家族、友達を守るのかを考え、問い続けることが大切である。

第3に、原発事故の実態と被害の実情、放射線被曝からどのように身を守るのか、原子力発電と今後のエネルギー問題をどう考えるかは、教育実践でも系統的に取り上げていく必要がある。

日本には現在54基の原発があり、福島第一原発事故により安全性は地に落ちたと言える。日本のこれからと、一人ひとりの命や健康にかかわる問題である。放射線とはどのようなものか、どうしたら自分や家族や知人を守ることができるか、自分で調べて学ぶことが求められている。

第4に、子どもの未来にかかわる選択の問題である。子どもの判断、主体性が問われている。子どもの真理・真実を知りたいという学習権保障の問題である。子どもたちが事実を知り、物事の真実を自ら見つけ出していく学びのあり方が、教育実践として問われている。

その意味では、新たな学びが求められている。専門家と言われる科学者も立場によって違うことを知ることで、自分で判断し、議論をすることが大切である。意見が分かれる問題に対して、なぜなのか、どうしてなのか、自分なりの問いを立て、冷静な目で現実を見つめ学びを続けることが子どもにも求められている。

（2） これまでの原子力教育、放射線教育を問う

子どもの命と未来を守るためにも、これまでの原子力教育、放射線教育の問い直しが必要である。

福島第一原発事故が起きたにもかかわらず、文部科学省の副読本に見られるように、これまでの姿勢を転換してない。それはこれまでの原子力教育、放射線教育に問題があるからだ。原子力推進のための教育が、特に1990年代から系統的・継続的に進められてきているのである。

まず、第1に原子力委員会が「原子力推進」の立場で教育の支援活動に力を入れてきたからである。原子力委員会は長期計画策定会議を1995年5月より開催、2000年11月24日に「原子力の研究、開発及び利用に関する長期計画」を発表した。原子力委員会は「原子力の研究、開発及び利用を推進すること」を目的とする原子力基本法に基づくもので、「原子力推進」を前提としている。すなわち「推進」の是非そのものを問うことをしていないことがそもそも問題である。「原子力に関する教育」では、初等、中等教育へのかかわりを重視する方向を明確にしている。また、「原子力政策大綱」（2005年10月11日）では、「原子力の研究、開発及び利用に関する基盤的活動の強化」ということで「学習機会の整備・充実」「放射線や原子力を含めたエネルギー問題に関する小・中・高等学校にお

ける指導の充実や、エネルギーや原子力に関する教育の支援制度の充実に取り組む」ことが強調されている。

第2に、文部科学省において多額の予算が原子力推進のために組まれ、支援事業をしていることである。2012年度の原子力教育支援事業委託費は4億2,600万円となっている。事業の目的として、「原子力に関する教育の取組の充実を図るため、…学校教育の場などにおける原子力に関する知識の習得、思考力・判断力の育成のための取組への支援を実施する」とされている。原子力推進にかかわる外郭団体「日本原子力文化振興財団」「原子力安全研究協会」「日本生産性本部」などが入札でこの事業に携わってきた。

それだけではなく、「原子力推進」のための教育を学校現場に持ち込むために「原子力・エネルギー教育に関する支援事業交付金」が、2002年度に創設され、毎年4億円余り、教育現場につぎ込まれてきた。

第3に、日本原子力学会、NPO法人放射線教育フォーラムによる文部科学省、教科書会社への継続的な働きかけがある。

日本原子力学会は、「新学習指導要領に基づく小中学校教科書のエネルギー関連記述に関する提言」をはじめとして、15年近く「初等中等教科書におけるエネルギー関連記述の調査」を行い、「初等・中等教育における『エネルギー』の扱いと高等学校学習指導要領に関する要望書」、「参考資料：高等学校教科書中の原子力に関する不適切な記述例」などを公表し、「教科書の内容充実」と称して、文部科学省をはじめ政界・官界・学界に働きかけをしてきた。

NPO法人放射線教育フォーラムは1994年から活動し、文部科学省への政策提言や学校現場への放射線教育を「改善」するために、積極的に活動をしてきている。現在、名誉会長は有馬朗人元文部大臣である。文部科学省とも密接な関係があることをうかがわせる。これまで積極的に「国への働きかけ及び教育支援」し、「学校における放射線教育を改善するため、学習指導要領や教科書の記述について実情を調査し、文部科学省等に政策提言」を行っている。要望書「エネルギー・環境教育の充実のための学習指導要領の改善について」（2005年8月）を文部科学省へ提出している。その結果2008年3月末に告示された中学校の新学習指導要領の理科で放射線が取り上げられたと成果を強調している。

原子力推進の諸団体は、国や文科省と一体となって、系統的・継続的に教育

課程への支配を強めてきた。原子力推進の諸団体は事業費として国家の予算を使い、原子力推進のための教育、安全神話を徹底するために、教育現場に持ち込んできた。国と一体で教科書への影響力を強めるだけでなく、講演・セミナー・研修などによって原子力推進や安全神話に基づいて、指導方法を教師に伝えてきている。国、地方教育行政、学校、教師のそれぞれのレベルで、原子力教育・放射線教育における教育課程の全体を支配しようと活動をしてきたと言える。

（3） 教育の自由、教育課程編成の主体を取り戻す

　これまでの原子力教育・放射線教育は教育の内容に介入し、教育の自由を奪うものであることがわかる。科学的で中立的なものであるとして一方的な教育を教育現場に押し付けてきた。

　科学的に異なる見解がある場合は、一方的な内容の押し付けでは公平性は保てない。特にエネルギー問題はこれからの日本において議論の分かれるところであり、次世代の選択の問題である。原発事故が起きたことで、国民の判断も問われる問題は、公教育においては一方的な判断を押し付けることは許されない。

　例えば、NPO法人放射線教育フォーラム「新学習指導要領に基づく小中学校教科書のエネルギー関連記述に関する提言」に、「原子力が発電時に炭酸ガスを排出しない」とある。しかし、「ウランを濃縮し，加工して燃料棒の過程で、膨大な化石燃料を使う。科学的に正しく言うならば、『ウランの核分裂反応は二酸化炭素を出しません』」という見解もある[2]。また、低線量被曝については科学上見解が分かれているが、NPO法人放射線教育フォーラムの理事長は「被爆者のデータを仔細に検討すると線量──がん発症の関係において200mSv以上のしきい値が存在するというのが科学的真実である」[3]と断定し、その影響を過小評価している。

　そもそも教育とは子どもの教育を受ける権利、学習する権利を保障するものである。それゆえに、必然的に真理教育が要請される。その真理教育は、学問研究と教育実践の成果から導き出されるものである。子どもの真理・真実を知りたいという学習権保障の問題であり、教師としての使命と専門性に関わる問題でもある。子どもたちは、原発事故・放射線をめぐる真実を知りたいと考えている。この国の未来にかかわる問題を避けては通れない不安や脅えの中にある子どもた

ち、その思いに応える教育実践をどのように構築するのかが一人ひとりの教師に問われている。

特に科学的根拠がはっきりしない場合、教師としてどう扱うかが問われている。「異なる考えがあること」を子どもに投げかけ、科学的と言われている知識を再検討させることで、子ども自ら判断し決定する力をつけさせることが教師に求められている。

つまり、原発や放射線の問題に対して、子どもが自ら問題意識を持ち、自発的に主体的に学んでいく授業を構想していく責任が教師にあると言える。

このように原発・放射線をめぐる教育は、教師の教育の自由、教育課程編成の主体の問題である。国や一部の原子力推進の諸団体に奪われた教育の自由、教育課程の編成の主体を教師のみならず、国民に取り戻すためにも、創造的な教育実践が求められている。

2. 原発・放射線をめぐる教育実践 ― 子どもの主体的な学びの保障 ―

原発・放射線をめぐる教育実践において、ユネスコ「学習権宣言」の言葉を思い出す必要がある。学習権とは、「読み書きの権利であり、問い続け、深く考える権利であり、想像し、創造する権利であり、自分自身の世界を読み取り、歴史をつづる権利であり、あらゆる教育の手だてを得る権利であり、個人的・集団的力量を発達させる権利である」とし、「学習活動はあらゆる教育活動の中心に位置づけられ、人々を、なりゆきまかせの客体から、自らの歴史を作る主体に変えていくものである」としている[4]。

エネルギー問題は政治に絡む問題であり、「大人でも決着がつかないことに子どもたちを巻き込むのはどうか」という議論もある。しかし、今の大人が解決できない問題を子どもたちは背負わされている現実を考えれば、自らこの問題と向き合い、学びを続けていく必要がある。

あいち県民教育研究所では「今、『福島原発事故、原子力問題』とどう向き合うか ― 副読本『原発事故から学び、未来を考える授業』の提案 ― 」のシンポジウム（2013.3）を企画した。その中で報告された澤田好江と北嶋佳寿子の教育実践をみていきたい。

(1) 澤田好江「子ども達は原発事故から何を学んだか
　　—子ども国会を通して—」[5)]

　澤田は原発事故以来、「将来のエネルギー問題」を考えていくことは、未来を担う子ども達にとって必要不可欠の問題と考えて実践に取り組んでいる。実践の基本的な考え方として、「教師の価値観や考えを出さずに事実を事実として提示し、子どもが自ら考えることが大切である」としている。主に総合的な学習の時間を使った実践である。授業計画（18時間）は以下の通りである。

・第1次（2時間）副読本「放射線について考えてみよう」を読み、感想を書く。
・第2次（3時間）「福島第一原子力発電所の事故　何が起きたのか」（あいち民研資料）を読み、感想を書く。
・第3次（2時間）「被曝から身を守るにはどうすればいいのか」（あいち民研資料）とDVD「被曝から身を守るには」を視聴し、外部被曝、内部被曝とその影響、身を守る方法を理解する。
・第4次（3時間）NHKスペシャル「飯舘村」（2012.6.24放映）を視聴する。感想文の発表をする。
・第5次（2時間）「原子力発電と未来のエネルギー問題を考える」（あいち民研資料）を読む。
・第6次（2時間）「原子力発電と未来のエネルギー問題」をどうするかで政党を組み、それぞれ主張や考えや質問に備えた調べ学習をする。
・第7次（3時間）「子ども国会」を開催し、今後原発をどうしたらよいか、未来のエネルギーをどうすべきか、政党を組んで討論する。
・第8次（1時間）自分たちの調べた自然エネルギー、再生可能エネルギーについての特徴、メリット、デメリットなどについて発表する。

　子ども国会（2012.12.14　小学校5年生）は、「原発と未来のエネルギーをどうしたらよいのか」を議題として、取り組まれた実践である。アンケートを取り、10政党を教師の方で構成している。政党ごとに調べて方針演説をさせることで授業を進行させている。かなり難しい内容もあるが、一人ひとりの子どもが課題を持ち、集中する学びであったと自らの実践を振り返っている。

　澤田は、子どもに問題意識を喚起させ、自ら調べ、自分の立場をはっきりさせ

ている。子どもの発言を見ると、他の見解を知ることで学びを深め、議論をつくしている様子がわかる。今なお、解決されていない「原発問題」は、「小さな子ども達にとっても未来に不安を残す、大いに興味のある大きな問題であることを痛感した」とまとめている。

澤田は、価値や判断が分かれるような問題に対して、次のように実践に取り組んでいる。第1に、事実を一つひとつ吟味して学ばせている。第2に、対立する見解についても提示されている。第3に、教師が押しつけではなく、子どもが問題意識を持ち、自らの判断のもとで学んでいる。第4に、子ども国会のように最終的な選択は子どもであると位置づけている点が実践の特徴である。

教師は現実や事実をどのようにとらえ、子どもたちの学びを組織するかが問われている。教師は異なる考えを子どもに投げかけ、子どもは自らの判断で決め、行動する力を身につけるというような主体的な学びが求められている。

（2）　北嶋佳寿子「くらしを守る家庭科 ― 原子力ってなあに ―」実践[6]

北嶋は、小学校の再任用（2012年度）で5,6年生の家庭科を担当し、その中での原発・放射線の実践を報告した。放射能を学ぶことは「今を生きる子ども達の基礎学力」として位置づけて実践を進めた。7月、6年生にアンケートを実施すると、「地震・津波まではわかっているが、放射能の被害については半数がわかっていない」「原子爆弾による被害に至っては9割の児童が知らない」という結果であった。

そのため、授業では「子ども達と一緒に自分も学んでいく」「事実を誠実に伝えていく」「子どもの身近なことで話す」の3点を基本に取り組んでいった。主な内容は、広島の原爆の話、戦時中軍需都市だった春日井市に落とされた「模擬原爆パンプキン」の話、『ストップ原発2 放射能汚染と人体』（大月書店）を読み聞かせをしてる。そして、最後に「放射能から身を守る」ために、「①内部被曝の影響を減らすために、②放射性物質を減らす調理法、③放射能から身を守る方法」を具体的にどうすべきかの授業をしている。

生活の中で被曝を防ぐにはどうしたらよいかについては、家庭科の授業として大切な学びである。子どもの感想を見ると、改めて食の安全について学んでいる様子がわかる。北嶋の家庭科での提案は、教科の中で原発・放射線をめぐる実践

を創造するうえで重要な提起である。

　また、北嶋は自らの足で浜岡原発を実際に見て肌で感じたこと、身近な地域で模擬原爆「パンプキン」投下の話などは、子どもたちが原発や放射線問題をリアルな現実として知る上でもインパクトのある実践となっている。

　北嶋のように再任用という形でも、子どもの命と未来を守るために教科の中で授業が可能であることを示している。

　これからさらに学校の多忙化が進むことを考えると、時間をとることが難しくなる。社会科や理科、家庭科などの教科で取り組むことがますます重要になる。しかし、教師の負担を考えると、短時間で取り組むことができる実践の構想も大切ではないかと考える。

　そのことを踏まえて、シンポジウムでは教育研究実践部会として[7]、1時間完了の指導案「原発の現状をつかみ、エネルギーについて考える」、2時間で実施する指導案①「原発事故が起きたときの行動」、②「放射線や放射性物質の及ぼす健康被害」等を提案した。また、教科の中での実践として、以下の「例」を提案した。

　○国語・「活動を報告する文章を書こう」「自分の考えをまとめて討論をしよう」（5年光村）「学級討論会をしよう」「自分の考えを明確に伝えよう」（6年光村）
　○社会・「国土の環境を守る」「災害から人々を守る」「自然を守る運動」（5年日本文教出版）「わたしたちの願いと政治のはたらき」（6年日本文教出版）
　○理科・「生物と環境」「土地のつくりと変化」「電気の利用」
　○総合・「防災を考える」「未来のエネルギーを考える」などさまざまな課題設定

　教科との関係でどのような指導が可能か、さらに全教育活動を通じて原発・放射線問題を考える計画作りも大きな課題である。

3. 地域で学び合った原発問題 ― 父母・住民とともに ―

　2013年3月のあいち県民教育研究所のシンポジウムでは学校現場だけではなく、地域の中で親子で学ぶ「科学教室」や父母・住民の学習会「パパママおはなし会」に継続的にかかわっている加賀佳子の実践報告[8]もあった。
　加賀は地域の子どもと共に実施している「科学教室」に放射線測定器を持ち込み、親にも呼びかけ「放射線とシーベルト」の授業を試みている。そのことが、愛知県内のA市で、父母・住民の学習会「パパママおはなし会」の講師を引き受けるきっかけになった。その会の代表である太田智恵との出会いがきっかけで継続的に学習会に参加している。
　太田は文部科学省の副読本の内容が「放射線の危険性や福島の被害が分からない。子どもたちに放射線の間違った知識が入ってしまうと将来が心配だ」と危機感を持ち、周囲の母親に副読本を検討する学習会を呼びかけた。
　この学習会を企画した太田は、校長に「正しい放射線の知識を子供たちに学ばせてほしい」と要求した。第2回学習会では若い親だけでなく年配の方も参加する中で、主催した太田から「校長先生と話し合ったところ、9月末に大学の先生に放射線の授業をしてもらえることになりました」ということで、驚きの拍手が湧いたとのことである。太田は、「声をあげないと学校は変わらない。放射線の危険性を子どもたちも知るべきだ。将来を担う子どもたちに間違った認識をさせてはならない」と語っていた[9]。
　それは、太田とのやりとりで、校長は「確かに放射能についていい部分だけ書いてある気がする」と発言し、「やはり子供には本当の事を教えなくてはならない」ということになって、講師を呼んで授業をすることが実現したというのである。5,6年生で総合的な学習の中で放射線の授業の計画がなされ、その後、それぞれ学級で学習が始まっている。
　学校を動かすきっかけとなったのは、配布された文部科学省の副読本を小学校6年生の太田の娘が、「お母さんはいつも放射能は危険だって言ってるけど、そんなに悪い物とは思えなかったよ」と話したことだった。地域で放射線についての学びが始まり、学校や教育行政を動かすことにつながったのである。

学校における教育課程は専門職である教師が作成するだけでなく、親や子どももかかわることが重要である。地域で始まった学習が学校にも広がった貴重な取り組みである。

加賀は一市民として原発の問題・放射線の危険性について調べ、地域の子ども・親・住民と共に学んでいる。元教師として地域でのこうした役割が改めて重要であることを示している。

おわりに

原発・放射線をめぐる教育実践については、子どもの自己判断・自己決定を促す教育の創造が求められている。教師は、異なる考えを子どもに投げかけ、異なる考えを理解し、科学的というものをもう一度問い直し、子どもと共に学び直すことが必要である。

国会事故調の報告に、住民は「自ら情報を得て自ら学ぼうとする積極的な姿勢に変わってきている。客観的根拠、科学的根拠に基づいた批判的思考(criticalthinking)、常に問いを投げかける姿勢を学びつつ」ある。そして、その学びは「望ましい社会構築」の可能性を示唆し、「子どもたちにも受け継がれるべきものである」としている[10]。

子どもの命を守ろうと行動する親や住民が確実に愛知県の中でも育っている。親や住民は、自ら学び、行動を起こしている。太田は「子供の未来を考えると今子供を守らなければ」という思いで行動している。その一方で守るだけでなく、「自分で何が正しいのか何が間違っているのか誰が信じられるのか何が信じられないのか、自分で考えられる力と心を持ってほしい」[11]と願って学び、学校や地域での活動に参加している。

また、澤田の実践の中で、文部科学省の副読本を読んで、「この本は私たちをだまそうとしている。なぜ、ほんとうのことを言わないの?」と感想を書いてくる子どもがいた。子どもたちの中に真実を見抜く力も確実に育っている。

今、子どもたちは問題意識を持ち、自ら学び出している。教師や元教師が地域や学校で、積極的に原発・放射線をめぐる教育実践に関わり、子ども・親・住民の学びを支えていくことが今後さらに求められる。

注
1) 東京電力福島原子力発電所事故調査委員会『国会事故調報告書』徳間書店、2012年、5頁。
2) 小出裕章『図解原発のウソ』扶桑社、2012年、91頁。
3) 松浦辰男「放射線教育の重要性」『放射線教育フォーラム　ニュースレター』No.50、NPO法人放射線教育フォーラム、2011年。
4) ユネスコ「学習権宣言」第4回ユネスコ国際成人教育会議（パリ）の宣言（1985.3.29）。
5) 澤田好江「子ども達は原発事故から何を学んだか ― 子ども国会を通して ―」、あいち県民教育研究所公開シンポジウム（2013.3）「今、『福島原発事故、原子力問題』とどう向き合うか ― 副読本『原発事故から学び、未来を考える授業』の提案 ―」の報告。
6) 北嶋佳寿子「くらしを守る家庭科 ― 原子力ってなあに ―」、あいち県民教育研究所公開シンポジウム（2013.3）の報告。
7) 教師用資料集として、「副読本『原発事故から学び、未来を考える授業』」を提案した。
8) 加賀佳子「原発問題を語り合って未来を拓く『パパママおはなし会』」、あいち県民教育研究所公開シンポジウム（2013.3）の報告。
9) 太田智恵「親だからできる事、親しか守れないもの」『あいちの子育てと教育と文化 2013』第21号、あいち県民教育研究所 2013年、4頁。
10) 東京電力福島原子力発電所事故調査委員会『国会事故調』徳間書店、2012年、408頁。
11) 太田智恵、前掲書、4頁。

第4章 障害児教育実践

1. 障害児教育実践の実態と問題

（1） 障害児教育の歴史的遅れ

　わが国における本格的な障害児教育は、明治に入って行われるようになった。視覚障害・聴覚障害者は盲・聾唖と言われ、初めはそれらの障害に対する学校が設立されたが、西欧に比べればおよそ1世紀遅れてのスタートであった。

　まず、1872（明治5）年、学制21章に「小学校ハ教育…ヲ区分スレハ…尋常小学女児小学…幼稚小学ナリ〔其外廃人学校アルヘシ〕」としている。そして、1878（明治11）年、京都「盲唖院」設立、1880（明治13）年、東京「楽善会訓盲院」開校、1890（明治23）年、長野県松本尋常小学校に男女2組の「落第生学級」（わが国はじめての「特別学級」）などが設置されている。

　法制度においては、1886（明治23）年、小学校令40条で「市町村ハ幼稚園図書館盲唖学校其他小学校ニ類スル各種学校等ヲ設置スルコトヲ得」としている。1900（明治33）年の小学校令3条においては、「学齢児童瘋癲白痴又ハ不具廃疾ノ為就学スルコト能ハスト認メタルトキ」あるいは病弱・発育不全・保護者貧窮は就学を猶予するとしている。これが、1941（昭和16）年の国民学校令になると、その9条で「瘋癲白痴又ハ不具疾病ノ為之ヲ就学セシムルコト能ハスト認ムルトキハ」就学猶予のみならず免除も可としている。もちろん、明治時代から各地で、特に都市部において「特別学級」等を設置して取り組まれてきた。しかし、戦時下においてはほとんど取り組まれなくなり、終戦時にはそのような学級は皆無に近い状態であった。

　戦後、日本国憲法と教育基本法の下で、障害児教育にも光が差し込んできた。学校教育法3章に特殊教育について定められ、盲学校、聾学校、養護学校が置かれ、「盲者、聾者又は精神薄弱者、肢体不自由者若しくは病弱者に対して、幼稚園、小学校、中学校又は高等学校に準ずる教育を」することとなった。さらに、

小学校、中学校、高等学校に特殊学校を置くことも定められた。その下で、盲・聾学校につづいて養護学校も設置され、その数を増やしていった。

1973（昭和48）年の政令で、1979（昭和54）年から養護学校の義務制を実施することとなった。こうして、養護学校、特殊学級、通級指導、院内学級、訪問教育などの制度が作られ、すべての障害児が教育を受ける権利、学習する権利を保障される素地ができた。

（2） 障害児教育観の遅れ

「特殊教育」[1]として障害児の教育への権利保障の素地ができたとはいえ、実際は学校現場の教育実践の課題である。その教育実践の中で、障害児教育の教育原点性[2]は打ち立てられ、多くの教師もそれを認めるところとなってきたが、明治以来の歴史的遅れと戦前の残滓もあり、当時の教育現場における制度と実践の乖離は時には小さくなかった。特に管理職である校長の障害児教育観は重要である。1970年代当時の教育現場における障害児教育への考えはどのようであったか、筆者の体験を紹介する。もちろん、これでもって一般化できるものではないが、問題の一端を見ることはできよう。

ある市では、「特殊学級」の担任を含め校内人事はすべて校長が一方的に行っていた。「特殊教育をぜひ一度はくぐって一人前の教師になる」[2]という進歩的考え方が広まっていたから、それを教条的に当てはめ、多くの「特殊学級」担任は2、3年間の輪番制にしていた。あるいは、「管理職になる者は、一度は特殊学級担任を経験しておかなければ、管理職になったとき他の教員を指導できない」という観点から2年間程度担任させることもあった。すなわち多くの場合、障害児学級担任は一時的な「体験のための腰掛け」であった。もちろんすべてがというわけではなく、障害児教育に意欲的に何年も取り組んできた教師もいたことはいうまでもない。

障害児教育軽視あるいは蔑視の具体的な例として、筆者が初めて障害児学級を担任した経緯や担任としての経験を紹介しよう。筆者が初めて障害児学級を担任したのは1980（昭和55）年のことであった。その小学校で、学校行事の在り方や学校運営等を巡って校長と何度も対立していた矢先の3月、校長から筆者に言い渡された職務命令は、「君はこの学校に7年間も勤務している。間もなく

異動しなければならない。通常学級を担任していると『この子たちを卒業させてから』などと未練がましいことを言って異動を拒否するといけないから、4月から特殊学級の担任をしなさい。特殊学級ならばいつ異動しても未練は残らないだろう」というものであった。根底には、障害児学級担任は誰もが敬遠するもの、あるいは、障害児学級は愛着がもてないもの、という障害児教育への偏見がある。それはとりもなおさず、障害児の人間としての尊厳や発達保障の教育とは相容れない「教育観」があるといわなければならない。さらに、障害児排除という問題が生起した。それは運動会をめぐって校長の学校運営の考え方・教育観が露わになった問題でもあった。校長は運動会を、父母・地域住民に「すばらしい」学校の姿を宣伝し、校長の指導力を示す一大イベントであるという捉え方をしていた。この学校では、運動会のフィナーレに校長の方針で全校児童による「分列行進（かつて学徒出陣の時、神宮外苑で行われたような行進）」が行われていた。全校児童が何列かに分かれて縦横に、時には交錯して、運動場いっぱいに広がって行進を繰り広げるのである。その練習は運動会本番まで毎日のように行われ、もちろん障害児学級の子たちも参加した。脳性麻痺の障害を持つ子は、まっすぐ歩こうとしてもふらふらと左右に揺れ、列からは遅れ、時には疲れて座り込んでしまうこともあった。多動の子は担任の手を振り切って先頭の方へ走っていったり、列から抜け出して興味のあるものの方へ走っていったりした。自閉症の子は運動場の脇の道路をバスが通るたびに立ち止まって身体をふるわせた。障害児たちはそれぞれが楽しく参加していたし、通常学級の友だちが優しく声をかけてくれた。しかし、校長の目にはどのように映ったか、こともあろうに「練習には参加しても構わないが、本番では出すべきではない。あんな姿を人前に晒すべきではない」と主張したのである。

　この校長は、多くの父母の前で障害児学級の子たちに対して、重症心身障害児施設「びわこ学園」を開設した糸賀一雄の「この子らに世の光を」を引用して、「『この子らに世の光を』と言うが、私の教育方針は『この子らを世の光に』と考えている」と声高に叫んでいた（どちらも糸賀一雄の言葉である）。糸賀は「どんなに遅々としていても、その存在そのものから世の中を明るくする光がでるのである」「人間の本当の平等と自由は、この光を光としてお互いに認めあうところにはじめて成り立つ」と言っている[3]。ところが学校行事は見栄え良くするも

ので、統率のとれた一糸乱れぬ演技をと考え、障害児を排除するこの校長の教育観は糸賀の考えとは相容れない。ここに障害児教育の歴史的遅れからくる理論と実践の乖離があるのである。

(3)「特殊教育」から「特別支援教育」へ

「特殊教育」という表現は差別的な響きを持つとして、変更を求める声は多かった。2001（平成13）年の省庁再編による文部科学省設置の際、「特殊教育課」を「特別支援教育課」と名称変更し、文科省は、「特別支援教育の在り方に関する調査研究協力者会議」を設置した。2006（平成18）年、学校教育法が一部改正され、「特殊教育」は「特別支援教育」に変更された。同年の文科省調査によれば、特別支援教育（特別支援学校、特別支援学級、通常の学級から通級）を受けている児童数の義務教育段階の全児童数に対する割合は1.86％（約20万人）であるが、軽度発達障害[4]の児童の通常学級在籍は6.3％（約68万人）とされている。したがって、特別支援教育の対象者は飛躍的に増えることとなった。

学校教育法改正にあたり、当初、政府は特別支援教室を設置し、固定式学級を廃止する意図を持っていたが、各方面から反対意見が続出したため、今までの固定式学級「特殊学級」は「特別支援学級」として存続することになった。しかし、学級存続の行方については先行き不明である。その理由は参議院文教科学委員会での学校教育法改正の際の附帯決議に、「特別支援教室にできるだけ早く移行するよう十分に検討を行うこと」という文言が見られるからである。

2. 発達保障の障害児教育実践

(1) 特別支援教育への転換

先に述べた衆・参両院委員会のそれぞれの附帯決議には、積極的な面も見られる。それは、小・中・高・中等学校・特別支援学校で「人権意識の高揚」等とともに「障害のある児童生徒一人一人のニーズを踏まえた教育の実現に必要な教職員の確保、バリアフリー化の促進などの適切な学校の施設整備等、教育諸条件の継続的な向上に努めること」等としていることである。

文科省は改正学校教育法施行にあたり、「特別支援教育の推進について（通

知)」を出した。この通知は国会での附帯決議に基づいて、いくつかの積極的な施策を示している。

まず「理念」において、「特別支援教育は、障害のある幼児児童生徒への教育にとどまらず、障害の有無やその他の個々の違いを認識しつつ様々な人々が生き生きと活躍できる共生社会の形成の基礎となるものであり、我が国の現在及び将来の社会にとって重要な意味を持っている」と、特別支援教育の社会全体への位置づけを述べている。

そして校長には、「特別支援教育に関する学校経営が特別な支援を必要とする幼児児童生徒の将来に大きな影響を及ぼすことを深く自覚」せよ、「体制の整備及び必要な取組」として「校内委員会」を設置せよ、「実態把握に努め」、保護者の理解を得、連携して進めることや早期発見・早期支援が重要であることを示している。さらに「一人一人に応じた教育を進める」ために「個別の指導計画」を作成せよ、教職員の「専門性向上」のため「校外での研修に参加させ」ること、等を示している。

特別支援学校においては、「様々な障害種に対応できる体制づくり」の重要さ、センター的機能を持ち各学校からの要請に応じて援助・支援すること、専門性の向上を図るため「特別支援学校教諭免許状保有状況の改善」や研修に努め、教員は複数の領域の免許状を取得することが望ましい、としている。また、教育活動上の留意事項として、障害種にこだわらず子どもが「示す困難に」重点を置いて、ニーズに合わせた指導・支援をすること、障害を持った子の入学試験などの時配慮すること、障害のある子とない子との「交流及び共同学習」「障害者理解」を推進すること、「進路指導の充実と就労の支援」では「企業等への就職は、職業的な自立を図る上で有効」だから「労働関係機関等との連携を密に」すること、「支援員の活用」については、「教育委員会の事業等により特別支援教育に関する支援員等の活用が広がっている」が、活用に当たっては支援員にも研修させること、などとしている。

（2）特別支援学校と特別支援学級の 間(はざま) で ― 親の願いに寄り添って ―

親の願いは、わが子の「生存及び発達を可能な最大限の範囲において確保する」（児童の権利に関する条約6条）ことである。ところが、障害を持った子ど

もの就学指導について幾多の問題が生起していた。

　親の願いの第一は、わが子が地域の構成員として認められること、いわば生存権である。地域における健常児との交わりが健常児・障害児双方の子どもの発達に大きな影響を与えるのである。このことについて、「障害者と健常児の協力関係は、…早い機会に確立されることが望ましい。…教育をおえて社会生活を営むにいたった段階では遅きに失するのであり、教育の過程において、…協力関係が確立していることが期待される…。このように考えれば、…健常児と統合し、普通教育を施すとともに、その障害の程度に応じて残された能力を開発する特殊教育を行うことが、障害児教育の理想とみるべきものであろう」（東京高判昭57・1・28）という判例で早くから示されている[5]。

　ところが、地方教育委員会に設置されている就学指導委員会は、子どもや保護者の意見を十分聴取することもなく、就学するべきであるとする学校を指定している状況があった。筆者のもとにもいくつかの相談があった。

　例を挙げると、小学校は地元小学校の障害児学級在籍であったのに、地元中学校に障害児学級があるにもかかわらず、子ども・保護者の意向をまったく聞くこともなく養護学校中学部に指定してしまったため、保護者がその撤回を求めて多大な労苦を払わなければならなかった。

　また、他の子の場合では、小学校に入学する際、健常児である双子の妹とともに地元小学校に入学したいという希望を叶えた親子が、校長に、「あなたのお子さんは、あれもできない、これもできないから、養護学校へ転校しなさい」と圧力をかけられ続け、転居して隣の学校へ転校した。

　文科省は、2006（平成18）年に改正した学校教育法施行にあたり、学校・教委や就学指導委員会に対し、「障害のある児童の就学先の決定に際して保護者の意見聴取を義務づけ」て、保護者との意思疎通を重視している。

　その後、筆者に入った相談は、肢体不自由児が本当は養護学校へ行きたいが、通学に時間がかかりすぎる。地元の小学校へ入学するので新しく学級を設置して欲しい、というものであった。愛知県教委の基準は、同じ障害の児童2人以上で新しい学級を設置するという方針であったが、文科省の方針や政令に沿った交渉を続けることによって、児童1人で学級を新設することができた。しかし、障害児の就学には、いまだ困難を伴うことが多い。

（3）「教員評価」が交流教育の障害

　特別支援学級を設置している小・中学校のメリットは、地域の子ども同士の交流が容易であるということである。交流は日常的であり、ある場合は通常学級の授業に参加、またある場合は学校行事のような大きな集団に参加、またある場合は通常学級の児童生徒が特別支援学級に出かける少人数による活動など、さまざまな形態の交流が行われている。その実践を担保するものは、全教職員の共通理解である。共通理解として最も重要なことは、障害児に限ったことではないが、子どもがどの集団に参加しても自分の居場所（周りが受け入れてくれ、安心していられる場所）が重要であることを理解することである。居場所なくして形式だけの交流は、障害児ならずともまさに「百害あって一利なし」である。その意味において、障害児が通常学級と交流をする場合、通常学級の担任や校長の教育観が非常に重要になってくる。

　筆者が勤務していた小学校で、障害児学級在籍の１年生の交流を通常学級の担任が拒否する、というのっぴきならぬ問題が起こったことがある。掃除当番、音楽などの授業への参加、そして運動会の表現活動への参加を次々と拒否したのである。このような交流拒否は顕著な例であるが、この背景にはある問題があったのである。この通常学級の担任は、10月に行われる教委の学校訪問の際の公開授業を予定していた。この教師は、何としても公開授業を「成功」させ、教委や管理職の自分への評価を高めたいという意識が強く、そのための「しつけ」を１学期の早い時期から行っていた。公開授業では、自分の学級の子どもたちが統制のとれた集団であり、教師の質問にきちんと答え、教師の指導が行き届いていることを示さなければならないと考え、その「しつけ」を行っていた。そこへ多動の障害児が参加したら、学級の統制がとれなくなると考え、その思いが障害児の受け入れを拒否させたのである。

　教員が評価を気にするあまり、教師の目が子どもよりも管理職に向いているきらいがある。障害児・健常児を問わず教育を真に子どもたちを主人公にしたものにするためには、教師が子どもから目をそらせるような教員評価はするべきではない。このような教師の管理強化が教育を歪める要因になったのである。

3. 障害児の教育への権利保障の動向 ― 世界と日本 ―

（1） 障害児の教育への権利の国際的到達点と日本

「障害者の権利宣言」（1975年国連決議）、「国際障害者年行動計画」（1980年）、「児童の権利に関する条約（子どもの権利条約）」（1989年国連採択）など国際的に障害者の権利の理念は深められてきた。子どもの権利条約 23 条は、その1項で「精神的又は身体的な障害を有する児童が、その尊厳を確保し、自立を促進し及び社会への積極的な参加を容易にする条件の下で十分かつ相応な生活を享受するものであることを認める」として、可能な限りの社会への統合、個人の発達を達成するための教育などを行うものとしている。

1994年6月8日～10日、スペインのサラマンカで「特別なニーズ教育に関する世界会議」が開催され、「特別なニーズ教育における原則、政策、実践に関するサラマンカ声明ならびに行動の枠組み」いわゆる「サラマンカ宣言」が採択された。「すべての子どもは、ユニークな特性、関心、能力および学習のニーズをもって」いるとして、「特別な教育的ニーズを持つ子どもたちは、彼らのニーズに合致できる児童中心の教育学の枠内で調整する、通常の学校にアクセスしなければなら」ないとしている。

わが国は「児童の権利に関する条約」を 1994（平成 6）年 5 月に批准したが、批准直後、文科省は通知を出した。その中で「学校において児童生徒等に権利及び義務をともに正しく理解させることは極めて重要であり」、意見表明権についても「表明された意見がその年齢や成熟の度合いによって相応に考慮されるべきという理念を一般的に定めたものであり、必ず反映されるということまでを求めているものではない」としている。「義務」を並列させて権利を牽制し、意見表明権は「理念を一般化」させたものであるから必ずしも考慮する必要はないとしている。つまりは、このような文部省（当時）の態度は、子どもの権利条約によっても、基本的には学校における子どもの生活にはなんら変化はないというものである。したがって、「障害を有する児童」の教育についてもしかりということである。

このような政府に対して子どもの権利委員会は 23 条について、2010（平成

22）年の日本政府への第3回最終所見で、「必要な施設・設備を整備するための政治的意思や財源が欠如していることにより、障害を持つ子どもの教育へのアクセスが制限されていることに留意し、これを懸念する」とのべ、「障害を持つ子どものインクルージョン教育のために必要とされる設備を学校に整備すること、および、障害を持つ子どもが希望する学校を選択し、その最善の利益に応じて普通学校と特別学校の間を移動できることを確保すること」等、何項目かの勧告をしている。

「障害者の権利条約」（2006.12.13）3条あるいは7条は、障害のある子どもが他の子どもと平等である人権・権利について規定し、24条で、障害者のインクルーシブな教育を方向付け、「障害者が、精神的及び肉体的能力のみならず、自己の人格、才能及び創造性を最大限に発達させること」等を規定した。

日本政府は2007（平成13）年9月に署名した。しかし、国内法の整備は遅々として進まず、民主党政権になってから、内容的には不十分ながら障害者基本法改正等が進められてきた。日本政府のサボタージュに対して、子どもの権利委員会は、第3回最終所見で、「障害を持つ者の権利に関する条約（署名済み）及びその選択議定書[6]批准すること」として、早期の批准を促している。

（2） 日本における特別ニーズ教育の提起

LD、ADHD、高機能自閉症等の子どもたちに光を当て、その子どもたちの発達権を保障していく特別ニーズ教育制度は必要である。中教審の「中間報告」いわゆる「特別支援教室」構想（特別支援「学級」を廃止する）が示された報告に対する意見募集（2004（平成16）年12月2日〜24日）が行われた。その際、特別支援教育を進めることは必要であることを認めた上で、「多様な教育の場を本人、養育者が自由に選択できる可能性を最大限可能とする環境があることが重要」「小中学校で学ぶ障害のある児童にとって、障害児学級は生活そのものであり、絶対に必要なもの。障害児学級があるからこそ、通常の学級との交流教育、共同教育にのぞむことができる」「従来の固定式の特殊学級は障害のある児童生徒の生活や学習の基盤として必要。将来、特殊学級の廃止が見込まれているが、児童生徒の居場所として欠くことができない」等の意見が出されている。

学校現場の声としても、「固定式学級について今でも特殊学級在籍の児童は目

が離せない状態なのに、その子が通常の学級に在籍するとなると学級担任の負担は大変なものになる」という意見が出されている。

この点については中教審も、その制度作りを考えていく上で、「現行の特殊学級等を直ちに廃止することに関しては、障害の種類によっては固定式の学級の方が教育上効果が高いとの意見があることや、重度の障害のある児童生徒が在籍している場合もあること、さらには特殊学級に在籍する児童生徒の保護者の中には固定式の学級が有する機能の維持を望む意見があることに配慮する必要がある」と述べ、今まで歴史的に築きあげられてきた障害児教育を基礎において進めていくことは重要であると認めている。

また、教員免許制度の見直しや特別支援教育コーディネーター等について教育現場から、「小・中学校の特別支援教育に携わる教員に、特殊教育免許状の保有を義務づけることを検討する点については、方向性としては理解できるが、学校全体でかかわっていくという特別支援教育の理念からすると、特別支援教育は特殊教育免許状の所持者に任せればよいとなってしまわないか」「特別支援教育コーディネーターを前面に出して欲しくはありません。結局は、この人がやるんだろうといった意識を高めるだけ。むしろ管理職次第で学校運営のほとんどが変わってくる。そのため、『管理職研修、または管理職そのものの専門性』も検討すべき」という意見が出されている。これら教育現場の意見は、学校教育においては、教師集団の在り方として共同性あるいは同僚性がいかに重要であるかということを訴えているといえる。

2009（平成21）年政権交代、「障がい者制度改革推進本部」設置、2010（平成22）年の閣議において、「障害者権利条約」の「インクルーシブ教育システム構築の理念を踏まえて体制面、財政面も含めた教育制度の在り方」と「点字、手話に通じた教員の確保や教員の専門性向上のための方策」を検討していくという2点が決定された。この2点を中心に文科省より中教審に審議要請があり、「障害者権利条約」の批准に向けての基盤づくりとなった。

（3）共生社会構築の条件作り

共生社会の構築について、すでに2004（平成16）年の意見募集で、「特別支援について、障害のない子どもとその保護者には、十分情報もなく、関心も広

がっていない。この大多数の保護者の理解を広げることこそ重要であり、もっと普及啓発活動に力を入れるべきである」という声が出されている。

　2012（平成24）年7月、中教審・特別支援教育の在り方に関する特別委員会は「共生社会の形成に向けたインクルーシブ教育システム構築のための特別支援教育の推進（報告）」を出した。報告は、「教育的ニーズに最も的確に応える、多様で柔軟な仕組みを整備することが重要」であるとして制度的なものを提起しているが、いくつかの問題点が散見する。まず「多様な学びの場」として「小中学校における通常の学級、通級による指導、特別支援学級、特別支援学校といった、連続性のある『多様な学びの場』を用意」する必要があるといっているが、現状を追認しているにすぎず、「多様な学びの場」が見えてこない。就学先決定については、「総合的な観点から決定する仕組みが適当であり、本人・保護者の意見を最大限尊重し、最終的には市町村教育委員会が決定することが適当」としており、「保護者の意見を最大限尊重」と「最終決定権者」に整合性がない。この整合性の欠如が就学についての紛争を引き起こしてきたのである。また、「学びの場は固定したものではなく柔軟に転学できることを本人・保護者にあらかじめ説明する」ということも「最終的には市町村教委が決定する」として、ここにも行政優位の思想がある。

　しかし、条件整備についてはかなり充実している。「『合理的配慮』は、一人一人の障害の状態や教育的ニーズ等に応じて決定されるものであり、その充実を図る上で『基礎的環境整備』の充実は欠かせない」とし、「通常学級においては、少人数学級の実現に向けた取組や複数教員による指導など」を進めるべきであるとしている。さらに、「多様な子どものニーズに的確に応えていくためには」、特別支援教育支援員の充実、スクールカウンセラー、スクールソーシャルワーカー、言語聴覚士、作業療法士、理学療法士、看護師等専門家を確保することが必要であると説いている。この報告をもとに特別支援教育の整備が進められ、財源が確保されれば、日本のインクルーシブ教育は大きな一歩を踏み出すことになるであろう。

　報告では触れられていないが、障害児学校の過密・過大・広い校区の解消が行われれば、インクルーシブ教育はさらに進展するであろう。小さな地域ごとに障害児学校が作られれば、地域の小・中学校との交流なども行われ、地域と密着

した生活ができる。これによって障害児たちに教育条件の上でのハンディキャップを小さくすることができる。2004（平成16）年の国連「子どもの権利委員会」も「障害を持つ子どものための特別な教育およびサービスに割り当てられる人的および財政的資源を増加させること」と、日本政府に勧告している。

（付記）筆者の脱稿後、「障害者の権利に関する条約」は、2013（平成25）年12月4日、ようやく国会で正式に承認された。2014年1月20日批准手続きを終え、同年2月19日発効となった。

注
1) 当時は障害児教育を特殊教育、障害児学級を特殊学級といった。
2) 勝野尚行編『教育実践と教育行政』［全訂版］法律文化社、1979年、48-49頁に「特殊教育は教育の原点である」「虚飾もおごりも許されぬ特殊教育をぜひ一度はくぐって一人前の教師になる」等を引用しながら、原点性について詳しく述べている。
3) 高谷清『重い障害を生きるということ』岩波新書、2011年、169-171頁。
4) 「軽度発達障害」という用語は、ADHD、LDあるいは高機能自閉症などを表現していたが、わかりやすさや他の省庁間との連携のしやすさなどから、2007（平成19）年より「発達障害」という表記になった。
5) 市川須美子他編『教育小六法2013』学陽書房、2013年、42頁。
6) 選択議定書：委員会に個人通報できる仕組み、暫定措置、通報の審査、委員会の調査等についての協定、障害者の権利条約を批准した国によって批准されなければならない、としている。2013（平成25）年11月現在、日本未署名。

第5章 教育実践と体罰問題

1. 岐阜県における体罰問題 — 中津商業高校事件・岐陽高校事件 —

　1985年、岐阜県では、相次ぐ体罰死事件が起きている。一つは、県立中津商業高校陸上部の女子生徒が、顧問の暴力的しごきに堪えきれず、3月23日の深夜、自らの命を絶った事件、もう一つは、5月9日、県立岐陽高校の男子生徒が、修学旅行先で、持参を禁止されていたドライヤーを使用したことで体罰を受け、ショック死した事件である。岐阜県高等学校教職員組合（以下、高教組）は、教育に信頼をとりもどし、一人ひとりの子どもが人間として大事にされる学校を[1]つくり、この痛ましい出来事を繰り返さないために、緊急の職場代表者会議と職場討議、体罰・暴力一掃のアピールの発表などを直ちに行っている。アピールは、体罰は、岐阜県の高校教育の危機の本質的な原因によるものであり、教育の目的が人間の形成にあるにもかかわらず、「現実路線」、学歴主義、能力主義の枠の中で「大学受験」「技能検定」の成績を上げるだけのための授業や組織づくりになっており、そのための学校秩序づくりや生徒の生活規律が教師主導・管理主義的方法で行われてきたことによる（「体罰・暴力一掃のアピール[2]」）、としている。

　「教育をよくする岐阜県民会議（以下、教育県民会議）」（岐阜県教職員組合（以下、岐教組）、高教組、県評などの労組や民主団体などで構成される会議）は、5月13日、岐阜県教育委員会（以下、岐阜県教委）に、「事件の原因と事実を教育全体の歴史を通して県民に明らかにすること」などの申し入れを行い[3]、5月26日には「教育をよくする岐阜県民大集会」を開催し、体罰・暴力の一掃を県民に広く呼びかけた。3,000人の参加者は、「"体罰・暴力は教育ではなく、教育を放棄し、破壊するものである"という確信のもとに、一切の体罰・暴力を教育の場から追放することをここに決意します」との特別決議を採択した。

　また、教育県民会議は、「体罰・暴力調査研究委員会（以下、調査委員会）」を

発足させ、調査・研究を行い、報告書[4]を公刊している。調査委員会は、「体罰」を「学校の先生にしかられて、たたかれたり、けられたり、痛い目にあったこと」としている。また、教師の暴言などによる懲戒によって、子どもの人権が蹂躙される、いわゆる「精神的体罰」については、「はずかしめ」とし、「先生にしかられて、ひどいはずかしい思いをしたり、うらみに思ったり、心に傷が残ったことを今でもおぼえていること」としてアンケートと調査分析を行っている。この「はずかしめ」は、学校教育法施行規則13条による「教育上必要な配慮」を欠いた違法な懲戒として、体罰とは区別されて概念づけられる、としている。県内の小学5年生以上高校3年生までの児童・生徒2,655人、教師289人、父母・住民2,670人から回答を得ている。学校で4人に3人が体罰を受けていること、体罰を行ったことがある教師が68.1％あること、授業に関わった体罰が最も多いこと、半数以上の子どもが体罰を批判していること、体罰などを見たり行ったりしたあと嫌な気持ちになり指導方法を変えるべきと感じている教師が7割いること、一方で、教師の4人に1人は体罰を容認・肯定していることも明らかになった。以下、報告書からいくつかの点を挙げておく。

　どのような場面での体罰が多いかの設問に対し、60.7％の教師が授業中を挙げ（1：多くある、2：割と多くあるとの回答％を合計したもの）、クラブ部活動39.6％、旅行・遠足25.2％と続いている。児童生徒アンケートでも、1. 授業中52.4％、2. 昼休み・休み時間11.5％（一項目選択）となっている。教師自身が行った体罰について、その場面は授業中が69.6％（一項目選択）と最も多く、体罰を行った理由として、授業中喧嘩52.6％、宿題忘れ物45.9％と授業に関わるものが多く、校則違反36.7％、反抗的態度27.8％（三項目選択）と続いている。

　精神的苦痛についても、どのような場面で精神的苦痛が与えられていると思うかに対して、教師は、授業中87.1％（二項目選択・合計値）、教師自身が与えた精神的苦痛の場面も授業中が70.0％（一項目選択）となっており、やはり授業中に最も多く現れている。これらの傾向について、報告書は、学テ体制が受験競争と結びついて、授業で成果を上げること、すなわち児童・生徒の成績を上げることに教師を駆り立てているが、能力主義に基づくこのような傾向が、授業場面の比率を高くしていることと関係がある、能力主義・管理主義に基づいて、児童・生徒が学校生活のあらゆる場面において管理されていることは、同じ原理で勤務

評定されている教師自身も、同じく管理職や教育行政機関によって管理されていることを示唆するものではないだろうか、としている。

　自分が受けた体罰について、児童・生徒は、自分が悪いので仕方がないと37％が回答しているものの、思い出すと腹が立つ、対先生でも反抗する権利はあるなど否定的なものは57％ある。仕方がないとの回答を体罰肯定とするわけにはいかないだろう。体罰に感謝しているとする肯定的な回答は5％であった。また、「たたかれたり、蹴られたり」以外に、先生に叱られて「はずかしい思い、うらみ、心にきず」があったかとの設問に対して、自分が悪かったとの回答は、小学生21％、中学生17％、高校生14％と学年を追うごとに下降し、逆に、腹が立ったなどは、小28％、中41％、高43％と上昇している。また、父母・住民は、体罰の日常化について「しかたのないこと」との回答は16.5％あるが、「自分の子が体罰でケガをしたらどうするか」に対して「仕方がないとあきらめる」は8.2％と半減している。一方「謝罪を求む」41.2％、「示談」22.8％、「PTAで問題にしてもらう」16.7％、「教委や警察に」5.3％となっており、これらを合計すると86％になる。また、「クラスの子どもが体罰を受けたときどうするか」について、「黙っている」は28.3％である一方、「学級PTAで問題にする」66.3％、「校長や教委に訴える」5.4％と7割を超える人が何らかの行動をしたいとしている。一般論として体罰やむなし、と思っていたとしても、わが子、あるいはクラスなど身近で起きたとなると切実で現実的な課題となってくる。「体罰」や「はずかしめ」が、教育とは相容れないものであることが、あらためて明らかになったと言ってよい。

　では、体罰・暴力の克服に向けてどのようにとりくむのか。提言として、体罰・暴力を加える教師の中にある児童観・生徒観の根本的転換、問題行動を起こす背景に迫り、児童・生徒は教師の援助を通して、自らの意志で自らを変革する主体であるとの教育観を持つこと、すべての教職員の自由な討論と、自由な教育実践を保障することで児童・生徒の発達が保障されること、つまりは一人ひとりが人間として大事にされること、さらにそれを父母・住民との共同で地域に根ざす運動をつくっていくこと、教育行政も35人学級の実現など教職員と児童・生徒との心の交流が十分にできる教育条件を整備するとともに、体罰・暴力が発生したときには、事実を正確に調査し毅然として対処すること、などを挙げている。事

実を正確に捉えること、および運動をつくっていくことは、教師の教育観を大きく変えることにつながる。事件の起きる前の1985年2月に高教組は調査を行っているが、体罰否定とする教師は35.0％であった（第35次岐阜県教育研究集会基調提案[5]）。しかし調査委員会の調査では、体罰一切否定とする教師は72.7％になっている。事件後の教育県民会議などの運動の反映であろう。

2. 最近の体罰問題 — 桜宮高校事件 —

　大阪市立桜宮高校2年の男子バスケットボール部主将が2012年12月23日に自らの命を絶った。命を絶つ前日にも、顧問教師から体罰を受けている。その後、12月27日と12月29日には、バスケットボール部員、バスケットボール部保護者に対して、それぞれアンケートが行われている。大阪市教育委員会（以下、大阪市教委）が公表したのは、2013年1月8日、翌1月9日には桜宮高校の全保護者への説明会、1月15日には教育委員会会議が開かれ、真相の解明と実態調査の実施、「大阪市教育委員会体罰・暴力行為等対策本部」の設置（本部長：教育長）、桜宮高校のバスケットボール部およびバレーボール部については無期限の活動停止、その他の運動部活動については緊急の実態調査の結果を踏まえて活動再開の可否を判断する等を決定している[6]。1月18日には、桜宮高校のすべての生徒、保護者、教職員を対象に、大阪市教委と外部監察チームによるアンケートが実施されている。報道には、「大半の運動部で体罰[7]」とある。その後、大阪市長の桜宮高校全教師異動および体育科とスポーツ健康科学科の入学試験中止発言[8]、入試実施が迫り受験生に動揺のある中、大阪市教委が体育系2科をスポーツに特色のある普通科に変更[9]して入試実施を決定、2月に、11の運動部での体罰、3人の顧問交代の公表、それを経てすべての部活動再開[10]と続く。バスケットボール部の体罰を行った顧問教師は、2013年2月12日、懲戒免職処分[11]、傷害と暴行の罪により9月26日に有罪判決となる[12]。

　2013年1月26日には、愛知・豊川工業高校での体罰も明らかになっている。大阪の体罰自殺事件を受けての愛知県教育委員会の調査の中での匿名情報から明らかになってきたもの[13]である。

　柔道界でも、指導者による暴力がある。2012年9月、全日本柔道連盟（以下、

全柔連）に暴力行為があるとの通報、柔道女子選手15人が、2012年12月、JOCに暴力行為告発文書、続いて指導改善の嘆願書を提出、JOCが認め、「明るみ」に出たのが1月29日[14)]、その後、監督、コーチなどの辞任へと続いている[15)]。暴力やハラスメントを告発した15選手は、「指導とは程遠い形で」「暴力行為やハラスメントで私たちは心身ともに深く傷つき」「組織体制の問題点が明らかにされないまま、ひとり前監督の責任という形をもって、今回の問題解決が図られることは、決して私たちの真意ではありません」との声明を発表している[16)]。声明にある「私たちが愛し人生をかけてきた柔道そのものが大きなダメージを受け、壊れてしまうのではないかと、何度も深く悩み続けてきました」は、柔道に限らずどの場面でも深く受け止めなければならないことであろう。

　事件後、桜宮高校の生徒たちは、街で罵声を浴びる、自転車のサドルを抜かれる、バスから降りろと言われるなどの相次ぐ嫌がらせを受けている[17)]。「桜宮高校から体罰をなくし、改革をすすめる会　会員保護者一同　会員卒業生一同」は2013年2月22日、「桜高に学ぶあなたへ」とする激励の一文を在校生に配布している。「この1ヵ月、あなた達に加えられた心ない声から守ってあげられなくて、ほんとうにごめんね」とするこの文を読んだ生徒たちからは、「桜宮高校をこれほど思ってくださる方がいらっしゃる」「感謝します」「気持ちが楽になりました」「前向きにみんなで少しずつ戻れたらな、と思います」等々の返信とともに、感謝の気持ちを伝えた上で「彼の死の原因は誰にも分からない事です‥‥自殺の原因が体罰であったというのを示唆するようなことを書かれたことに関しましては少し残念に思いました」との声も届けられている。学校という学びの場で、生徒たちが率直に思いが出せる、そういうとりくみが何より大事だろう。

3. 教育において体罰をなくす課題

（1）　大阪市教育委員会の文書等

　大阪市教委は、「体罰防止に向けて」とする教職員向け指導資料を1999（平成11）年11月に出している[18)]。「はじめに」では、子どもを取り巻く厳しい状況について、「教職員の子どもの背景に対する認識や教職員自身の人権意識、さらに教育の原点に対する認識が重要」「体罰については、法律で禁止されているだ

けでなく、子どもの人権にかかわる問題」とし、法令等、体罰から生じる問題点、体罰を防止するために、と展開している。体罰禁止の法的根拠は、学校教育法11条とし、行政上、刑事上、民事上の教員の責任をあげている。

　体罰から生じる問題点として、子どもへの影響 ― 心、学習面、子ども同士の人間関係、子どもと教師の人間関係へのそれぞれの影響 ― をあげている。体罰について論じるのであれば、この、子どもへの影響だけでよいが、保護者・地域への影響もあげている。保護者からの信頼失墜、不信感、地域での風評などの記載は、行政としてはやむを得ないところかもしれない。体罰を防止するために、としてあげられている項目に、「教職員研修等を通して、体罰によらない生徒指導の在り方の研究に努めるとともに、不適切な指導や体罰の疑いがある指導に対して、教職員相互に点検できる環境づくりに努める」があるが、この、「体罰によらない生徒指導の在り方」との表記からは、体罰は行わないがそれに匹敵する指導方法、と読めないことはない。そう曲解しないためには、「研究に努める」「教職員相互に点検できる環境づくり」を、大事な指摘ととらえることであろう。

　この文書の、特に、「はじめに」で述べられている「本市の学校園においては、学校教育指針にある『学校教育は、個人の尊厳を重んじ真理と平和を希求するとともに、民主的で文化的な社会の創造に貢献する人間の育成を期して推進されなければならない』との趣旨に基づき、人間尊重を基盤にした教育活動を推進している。また、今日の社会においては、児童の権利に関する条約にある『子どもを一人の人間として、人権を享有する主体、そして権利を行使する主体として保障する』を踏まえた子どもの育成がなされている」なども重要な点である。

　大阪府教育委員会の「教職員人権研修ハンドブック」(2007年3月。2011年5月更新[19])に、「体罰は、なぜ禁止されているのか知りたい」の項がある。ここには、Answerとして、A1 体罰は法で禁じられています、A2 体罰は人権侵害です、A3 毅然とした態度と一貫した方針で子どもに向かいましょう、とある。この、A3の「毅然とした態度」は、なかなか「難しい」ことでもある。学校現場では、子どもに「強く」対応することを「毅然たる態度」と誤ることは少なくない。子どもがその気になるまで根気よくつきあったり、子どもの思いを聞き、それに応じて対応していると、甘い、おもねる、などととらえられることがある。しかし、見通しと自信を持って、時にはなかなか気持ちが通じ合えず確信が得ら

れなくても、そういう教育方針を貫こうとする教育実践は、実は、「毅然とした」態度なのだということを押さえておかなければならない。それを、甘やかすと見てしまう（見られてしまう）余裕のなさが、「体罰」の背景の一つと言ってもよいだろう。

　大阪市教委は、2013年9月、「体罰・暴力行為を許さない開かれた学校づくりのために」とする冊子を発行している[20]。目次の前に「大阪市教育委員会の新たな方針と決意」として、桜宮高校での事件は、懲戒目的の体罰ではなく何の落ち度もない生徒に対する暴力行為であること、体罰等が発生しても生徒や保護者が異を唱えなければ報告が上がらないまま処理されてしまい顕在化しないこと、等を挙げた上で、体罰等の定義、学校づくり、発生時の対応、教職員の責任、児童生徒の問題行動等々を述べている。ここでも、「懲戒目的の体罰ではなく何の落ち度もない生徒」との文言に対して「生徒に落ち度があり懲戒目的ならば体罰も可能」との曲解があるかもしれない。しかし、冊子にある、「参考・言葉の暴力、言葉による脅し、配慮のない言葉等によって、精神的な苦痛を与える『言葉の暴力』も、子どもの人権を侵害する行為である」等を尊重しながら、体罰・暴力をその背景から探り直していけば、「子どもの人権」を大事にし、子どもの発達を支えるそのありようにたどり着いていけるだろう。教育実践的には、手間暇かけるその積み重ねが、むしろ近道になるのではないか。そういった視点からの見直しこそが、今求められている。

（2）子どもの権利条約と国連子どもの権利委員会勧告

　子どもの権利条約（1989年11月20日、第44回国連総会で採択、日本は1994年4月22日に批准）は、前文で、「児童が、その人格の完全かつ調和のとれた発達のため、家庭環境の下で幸福、愛情及び理解のある雰囲気の中で成長すべき」「社会において個人として生活するため十分な準備が整えられるべき」「平和、尊厳、寛容、自由、平等及び連帯の精神に従って育てられるべき」とし、特別な保護の必要性を述べ、各条文では、子どもに対してすべての措置を執るにあたって「児童の最善の利益が主として考慮される」（3条）ものであり、「自由に自己の意見を表明する権利」（12条）、「生命に対する固有の権利」「生存及び発達」（6条）、「あらゆる形態の身体的若しくは精神的な暴力、傷害若しくは虐

待、放置若しくは怠慢な取扱い、不当な取扱い又は搾取（性的虐待を含む）からその児童を保護するためすべての適当な立法上、行政上、社会上及び教育上の措置をとる」(19条)、「教育についての児童の権利」(28条)等々としている。

　各締約国は、この権利条約に基づいてとった措置とその実現状況を、国連に報告することになっている。国連子どもの権利委員会は、それに対して勧告などを行う。

　これまでに勧告は3回出されているが、いずれも、日本の教育が競争的であり、そのことが子どもたちのストレスや精神的健康に悪影響を及ぼしていること、いじめがあること、体罰が法律で禁止されているにもかかわらず広く用いられていること、などをあげている（1998年第1回勧告パラグラフ24、2004年第2回勧告パラグラフ35,36、2010年第3回勧告パラグラフ47,48）。

　水戸五中事件に対する1981年4月1日の東京高裁の判決文は「生徒の好ましからざる行状についてたしなめたり、警告したり、叱責したりするときに、単なる身体的接触よりもやや強度の外的刺激（有形力の行使）を生徒の身体に与えること」を「学校教育上の懲戒行為としては一切許容されないとすることは、本来学校教育法の予想するところではない」[21]としている。また、2011年6月24日改正民法822条は、「親権を行う者は、第820条の規定による監護及び教育に必要な範囲内でその子を懲戒することができる」、児童虐待の防止等に関する法律14条は、「児童の親権を行う者は、児童のしつけに際して、その適切な行使に配慮しなければならない」としている。第3回勧告のパラグラフ47は、これらの事実に対して、体罰許容性について不明確と懸念している。

　「子どもに対するあらゆる体罰を禁止するグローバル・イニシアティブ　子どものための世界的進歩を促進する委員会」[22]が、2012年1月、厚生労働大臣に対して、「親権を有する者がその子どもを『必要な範囲内で』躾ける（懲戒する）権利を有することを認めた条項（民法822条）の削除と、児童虐待等の防止に関する法律（14条）において、体罰を明示的に禁止する必要があります」として、あらゆる場面での体罰・暴力をなくすための立法化を求める要求書を提出している。

　厚生労働省は、雇用均等・児童家庭局総務課長通知「子どもの虐待の手引き」を2013年8月23日に改正している。虐待の判断にあたっての留意点として、「そ

の行為を親の意図で判断するのではなく、子どもにとって有害かどうかで判断するように視点を変えなければなりません」「保護者の意図の如何によらず、子どもの立場から、子どもの安全と健全な育成が図られているかどうかに着目して判断すべきである。保護者の中には、自らの暴行や体罰などの行為をしつけであると主張する場合があるが、これらの行為は子どもにとって効果がないばかりか悪影響をもたらすものであり、不適切な行為であることを認識すべきである」としている。

（3）岐阜の状況

　桜宮高校での「事件」後、文部科学省（以下、文科省）の指示で、各地で調査が行われた。子ども・生徒・保護者向けの記載アンケート、および、教職員への「聞き取り」の形態をとるものが多いようである。岐阜県でも調査が行われた。

　子ども・生徒・保護者向けのアンケートは、〇体罰を受けたり、見たりした案件について、〇教職員の名前、〇体罰を受けた人の名前、〇月日、時間、場面、場所、体罰の態様、〇それによる被害・けが、を問うものになっている。注釈として、場面とは「授業中」「休み時間」「放課後」「部活動中」「試合中」など、「体罰の態様」とは、例えば「素手でなぐられた」「棒でなぐられた」「蹴られた」など、を挙げている。これらについて、アンケート用紙に記入し、教員に手渡すか、「学校改革目安箱」に投函する、該当案件がなければ提出は不要、なお、「事実確認が必要」なので、「原則として記名」としている。

　記名、しかも事実確認をする、提出先は学校、との前提で、「体罰」を訴え出られるのかどうか。申し出がなかったのでそういう事実はないものと認められる、との結論に至る懸念がある。率直に「困っている」との相談ができる仕組みを作らないと、実態の掘り起こし、および今後への対策には至ることはできない。

　また、教職員にも「聞き取り」調査を行っている。教職員が、どの程度「正直に」回答しているかは不明だが、過ちを過ちとして受け止め、報告をした教職員に対しては、研修参加などの課題が義務として課せられている。

　岐阜県教委は、2013年2月28日、「体罰調査結果」を公表した。2012年4月から2013年1月末までの間に、70人の教員が171人の児童生徒に体罰、6人が打撲など軽いケガ、中には常態化していると見られるケースもあった[23]、また、

岐阜県教委は、「教職員不祥事根絶マニュアル」を作成し、体罰は「人権を無視した行為」と戒めていた、とのことである。しかし、体罰を「不祥事」として括るのは問題がある。何よりも、体罰が子どもの発達を阻害するとの観点を持って、教育の課題としなければならない。直接の課題は、教育の問題として、子どもの人権を守り成長発達をどう保障するのか、具体的に学校現場では今後どうとりくむのか、であろう。体罰の実態調査を行うのであれば、取り扱いは教職員課ではなく、学校支援課、あるいは教育研修課が行い、そもそも体罰とは何かを追究し、その上で今後どうするのかを示すべきであろう。体罰を不祥事、教員の懲戒との視点だけでは体罰問題をとらえることはできない。

(4) 教育実践の場面から
　〜教育は「失敗」の連続〜その上でどう立て直せるかが大事

　教師の仕事は、どの子にも基礎学力をつけ、子どもの個性的な発達をはかる教育実践を蓄積し、同僚とともに日常的に、自主的研修を重ねることによって、あるときは援助され、評価され、また批判を受けて、熟練を高めていく[24]ものである。

　教育の場面は、いわば失敗の連続である。筆者自身も含めてほとんどの教師が教師としてやってこられたのは、教師という仕事に失敗はつきもの、それの築き直し、と励まされ、互いに支え合い続けてきたからである。それは、慎重に失敗しないような教育活動を行うということではなく、子どもの発達成長は行きつ戻りつの繰り返しであり、その過程で子ども同士、子どもと教師、子どもとおとなの関係づくりを経て、人格の完成をめざしていくというものである。崩し、つくりなおす、それがあって教育となる。

　体罰は、もともと教育の条理に背くものであるので、それを否定した上で、つまり、肉体的痛みに限らず、屈辱、はずかしめなどの精神的な痛みも含めて、それを否定した前提で、子どもとの関係をどうつくるか、つくり直すか、「失敗」をどう補うか、補い合えるか、という視点に立たねばならない。

(5) 「体罰」についての自由な論議を保障する

　国連子どもの権利委員会が、「体罰が法律で明示的に禁じられていないこと」を「懸念する」としていることは、やはり深刻にとらえなければならない。少な

くとも、学校での、率直な議論から始める必要があるだろう。その議論の自由度を（行政的にも）保障しなければならない。手間暇かける議論の積み重ねの方が、むしろ早い。少なくとも、学校教育法11条で、体罰禁止とあるから、建前にしろ、体罰はしない。ここにこそ「毅然たる態度」でなければならない。子どもや親の、率直な声も聞き、それをとりまとめていく作業が必要になる。教育の課題として、冷静に、しかも自由に討議できるような機会と場をつくり、保障する。

　そういう議論を重ねれば、過度な競争の教育、規範主義、管理主義のおかしさにもたどり着く。教育行政は、少なくとも、「自由に議論し学ぶ」機会を保障する。それを「教育要求」として、前面に出していくことも必要だろう。

　さらには、今後、「懲戒」についても、議論をする必要があるかもしれない。学校教育法は、「ただし、体罰を加えることはできない」としている。ただ、これは学校教育の範疇だけとも言える。他の領域では、必ずしも明確に体罰が禁止されているとは言い切れないこと、法律上の明文化が要求されていることはすでに述べた。では、「懲戒」についてはどうなのだろうか。

　確かに、現実の学校現場では、「懲戒」による「教育的効果」もあるだろう。ただ、それが体罰につながるという現実があるのであれば、あらためて「懲戒」について再整理していかなければならない。「懲戒」も含めて、教育の方法として、どのような実践があり得るのか。それは、自由な論議でしか話は進まないということである。

注
1)　「教育をよくする岐阜県民大集会」アピール、1985年5月26日。
2)　「教育情報」（高教組機関誌）1985年5月17日号外。
3)　「教育情報」1985年5月15日号。
4)　『いのちかがやく明日へ ─ 体罰・暴力調査研究委員会からの報告 ─』教育をよくする岐阜県民会議、1986年。
5)　「教育情報」1985年10月3日号外。
6)　文部科学省「資料1　大阪市立桜宮高等学校における体罰事案について」http://www.mext.go.jp/b_menu/shingi/chukyo/chukyo3/siryo/attach/1331577.htm。
7)　「毎日新聞」2013年2月2日東京朝刊

（http://mainichi.jp/feature/news/20130202ddm041040074000c.html）。
8)　「NHKニュース」
　　（http://www3.nhk.or.jp/news/html/20130116/k10014841401000.html）。
9)　「毎日新聞」2013年1月22日東京朝刊
　　（http://mainichi.jp/feature/news/20130122ddm041040114000c.html）。
10)　「毎日新聞」2013年2月6日、9：51配信。
11)　「日本経済新聞」電子版 2013年2月13日2：52配信。
12)　「日本経済新聞」電子版 2013年9月26日11：35配信。
13)　「スポニチアネックス」2013年1月27日6：00配信。
14)　「スポーツ報知」2013年1月30日6：03配信、「しんぶん赤旗」2013年1月31日。
15)　「日刊スポーツ」2013年2月1日9：10配信
　　（http://www.nikkansports.com/sports/news/p-sp-tp0-20130201-1079346.html）。
16)　「スポニチアネックス」2013年2月4日19：33配信
　　（http://www.nikkansports.com/sports/news/p-sp-tp0-20130201-1079346.html）。
17)　「しんぶん赤旗」2013年1月24日。
18)　http://www.ocec.jp/shidoubu/index.cfm/8,0,12,11,html。
19)　大阪府教育委員会「教職員人権研修ハンドブック」。
20)　すなわち、冊子には、「体罰・暴力行為防止及び発生時の対応に関する指針」および「児童生徒の問題行動への対応に関する指針」が示されている。
21)　暴行被告事件東京高裁昭和56年4月1日判決。原審は水戸簡裁昭和55年1月16日判決。
22)　子どものための世界的進歩を促進する委員会は、元国連人権高等弁務官、元ブラジル大統領、欧州評議会人権理事等が委員となり、国際的に、子どもに対する暴力・体罰の全面的禁止をめざして活動している（「子どもの権利を擁護・推進する子どもすこやかネット」http://www.kodomosukoyaka.net/pdf/2012-letter1.pdf）。
23)　「岐阜新聞」2013年3月1日。
24)　土屋基規「教員の専門性をさらに高めるために」『クレスコ』2007年8月号、26頁。

第Ⅱ部　専門職労働者論

第1章 　教師の教育権

1．教師の教育権の理論と現実

（1）　子どもの権利の特殊性

　学校教育の主役はだれか。それは子どもである。日本国憲法26条1項には、「すべて国民は、法律の定めるところにより、その能力に応じて、ひとしく教育を受ける権利を有する」とある。つまり、教育において、子どもはまさに教育を受ける（＝学習する）権利の主体である。学校教育における子ども、親、地域、教師、学校、教育行政機関等の諸関係を考えるとき、第一にこのことが念頭に置かれなければならない。それでは、この子どもの学習権に対して、教師の教育権（自由や権利）はどのような関係にあるのか。

　堀尾輝久氏は、子どもの権利について、「実際に子ども自らがその権利を実現し、自分は権利の主体であると権利を自己主張するわけにはいかない」ことを「子どもの権利の特殊性」と呼び、興味深い指摘をしている[1]。この「子どもの権利の特殊性」を深く考えると、大人の権利と子どもの権利の関係は、社会で大人の人権と労働の権利が保障されていないと、子どもの生存の権利も保障されないようになっていて、両者は切り離せないという（表4の①参照）。

　確かに、子どもの虐待の場合、わが子に虐待をする親は、自分自身に子ども時代に虐待された経験があったり、社会や家庭の中での差別、失業、暴力、貧困、孤立などで苦しんでいる場合が多い。このことは、教師と子どもの関係にもあてはまり、教師の教育権や労働権が十分に保障されていないと、子どもの学習権も十分には保障されないことになる。

（2）　教師の教育権の内容

　それでは、教師の自由や権利、つまり教師の教育権には、どのようなものが含まれるのであろうか。勝野尚行氏ら[2]は、教師の教育権には、「教授の自由」「学

表4 堀尾輝久氏の「子どもの権利の特殊性」

①大人の権利と子どもの権利は不可分	その社会で大人の人権が保障されていないと、子どもの人権も保障されない。
②子どもの発達と学習の権利は、その子が大人になって権利行使できるようになるためにも必要	それぞれの発達の段階にふさわしい学習の権利と教育が保障されていない、あるいは発達にふさわしい社会的な関係が作られていないと、その子どもの人間としての諸権利も、将来にわたって守られないし、成人してからの諸権利も内実のないものになっていく。その意味で、子どもの学習権は「人権の基底」。

堀尾輝久『子どもを見なおす ― 子ども観の歴史と現在 ―』（岩波書店、1984年、91-94頁）より要約して作成。

校の自治」「教育政策関与権」がある、としている。まず、教師の教育権の中核になるのが「教授の自由」であり、創造的に教育の内容や方法を考え、実践できることである。そして、これが成り立つためには、「学校の自治」が必要で、教師の仕事が強制されるものでなく、自分たちで決めて、進めていけることが条件になる。さらには、教育実践を支える学校施設設備や学校教育の諸制度に関わることに発言し要求する「教育政策関与権」を行使することによって、理想的な学校教育のあり方に影響を与えられる。そして、この教師の教育権にとって、教師の労働権は不可分であり、教師の教育権が保障されることによって、教師は労働権も保障され、教師の教育権と労働権の保障を担保するのが労働基本権である、としている。

（3） 教師の教育権をめぐる現実

ところで、現代の教師の自由や権利を取り巻く実態は、厳しいものがある。豊かな学習指導や生徒指導の教育実践をするため、満足いく研修の機会があるだろうか。また、自分や自分たちの考えや思いが、確実に教育活動や学校運営、教育政策に反映されているだろうか。実際には、それどころか、「多忙化」によりストレスのかかる労働に長時間従事している。残業時間は長く、学校でこなしきれず自宅に仕事を持ち帰ることにもなる。研修どころか日頃の授業の準備すら十分な時間がとれていない[3]。そして、そのような労働環境のなかで、時には心身の健康が害される状況になっている。文部科学省によれば、平成23年度の教育職

員の精神疾患による休職者は、5,274人で、全教育職員に占める割合は0.57%である[4]（図1参照）。他の職種とくらべて高率で発生する教師のバーンアウト（仕事による燃え尽き症候群）は、いかに学校現場が劣悪な労働環境になっているかを警告するものである。

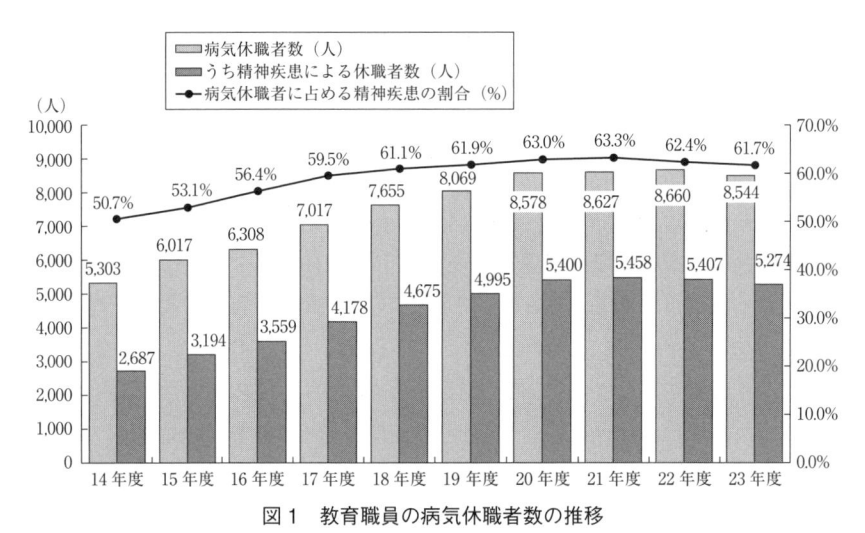

図1　教育職員の病気休職者数の推移
出典：文部科学省「平成23年度公立学校教職員の人事行政状況調査について」
http://www.mext.go.jp/component/a_menu/education/detail/__icsFiles/afieldfile/2012/12/26/1329088_01.pdf。

ここで、「学校の自治」や「教育政策関与権」とバーンアウトとの深い関連を指摘しておきたい。大前哲彦氏によれば、教師のバーンアウトに関する調査の結果、バーンアウト指数の低い、つまりバーンアウトになりにくい要因は、1位が「健康」、2位が「職員室の雰囲気」、3位が「学校運営に意志が反映されている」であった[5]。1位は、からだと心の健康が密接な関係であることからうなずけるとして、2位、3位の要因はとても興味深い。

「職員室の雰囲気」では、「楽しく子どものことが語れる」「教職員が楽しく話をしている」タイプの職員室であるとバーンアウトになりにくい、ということである。これは、もちろん職場の同僚間の仲が良く教師一人ひとりが孤立してない状態であるが、同時にこうした職員室の雰囲気は、協同的な学校運営を可能にす

る「学校の自治」が成り立つための大切な条件でもある。

　次の「学校運営に意志が反映されている」にいたっては、まさに教師が学校運営の主体として自覚できる状況である。さらに、学校ごとにも教育政策は形成されるものであることから、「教育政策関与権」の初発的な行使ができているともいえる。つまり、「学校の自治」や「教育政策関与権」を享受できるならば、教師はバーンアウトになりにくいということである。

表5　バーンアウト指数が低い項目

設問項目	選択肢	指数	人数
健康状態	健康	2.88	154
職員室の雰囲気	楽しく子どものことが語れる	2.92	43
	教職員が楽しく話をしている	3.14	302
学校運営に意志が反映	そう思う	2.97	18
	だいたいそう思う	3.16	260
教職を辞めようと思ったこと	ない	3.04	277
年休・性休が必要時に取れる	気を使わず自由に休んでいる	3.07	134
子育てや家事で仕事が大変	いいえ	3.09	268
部活は生徒と教師が楽しむ場	非常に当てはまる	3.16	96
今の子どもは、出番を作れば能力を発揮する	まったくその通りだと思う	3.21	179

出典：大前哲彦「教師と健康」日本教師教育学会編『教師として生きる ─ 教師の力量形成とその支援を考える ─』学文社、2002年、145頁。

　繰り返すが、子どもの学習の権利が十分に保障されるには、やはり教師の教育権と労働権が十分に保障されなければならない。そのような観点からも、教師の現状の改善の施策が早急に実施されなければならない。

2. 教師と諸主体との法的関係

（1）子どもの権利の代位

　「子どもの権利の特殊性」から導き出される理論的課題を、もう一つ取り上げる。子どもが自ら実現できない権利について、いったい子どもに代わってだれが

行使するのか、という点である。教育権論の学説の変化を参考にして[6]、この論点から、教育における教師と他の主体との諸関係について考えてみたい。

かつての学説では、子どもの学習権を中心にすえつつ、子ども＝親＝教師を同じ主体として一体的に位置づけていた。まず、自然権としての教育権あるいは民法上の監護教育権を持っている親が、子どもに代わって、つまり代位して主体となる。次に、親がそれを教師に「付託」または「信託」をすることによって、教師が代位して主体となる、という図式であった。

しかし、その後、この三者を一体的に位置付ける考え方は批判されることになる。当時は、国家と教師との間の緊張関係に主に目が向けられ、国家権力から権利や自由を侵害され処分された教師を守ることが理論的課題の中心になっていたため、結果的に教師のための国民の教育権になってしまい、子どもの権利や親の教育権が実質的に軽視されたり無権利状態になってしまったりしたというものである。理論上、国家と教師との緊張関係以外にも、教師と親、教師と子ども、親と子どもの間にも緊張関係が存在していることは無視できなくなった。いま、はたしてそれらを踏まえてどのように教育権論を再構築するかが課題になっている。

（２） 現象としての諸主体間の緊張関係

この理論上の課題は、学校現場や家庭のなかで、子どもの権利を親や教師が必ずしも代位して行使しているとはいえない現象を直視することによって自覚化されてきた。

残念なことに、子どもと教師との間では、学校現場で教師が子どもの人権を侵害する姿がさまざまに見受けられた。例えば、学校教育法で禁止されているはずの体罰、不合理で教育的指導の範囲を逸脱した校則による生徒指導、不当な子どもへの取り調べや処分、差別的発言、いじめ問題への不適当な対応などである。

また、子どもと親との間では、親が自らの教育権を逸脱して行使する子どもの虐待の問題が世の中の明るみに出るようになってきた。他のどの主体より第一次的に子どもに代位して主体となるべき親が、からだや心を深く傷つけて子どもの健やかな発達を妨げ、時には命すら奪う深刻な人権侵害である。さらに、親と教師の間では、先に述べた教師による子どもへの人権侵害は親の不信を招いた。ま

た、「モンスター・ペアレント」と呼ばれて社会問題化した親による学校・教師への度を越えた要求が、教師を対応に苦慮させ時にバーンアウトをひき起こす要因にもなった。

これらの現象は、学校教育は親から白紙委任で教師に、家庭教育は親に、それぞれ任せきりでは、人権侵害から子どもをまもりきることはできない場合があることを明らかにした。

（3）実践的課題としての諸関係の再構築

ここまで、教育法学における教師の教育権の理論、現実と課題、諸関係をめぐる現象についてみてきた。理論においても実際においても困難な課題があることがわかった。

しかし、だからといって教育実践が手詰まりになるわけではない。むしろ、まず、どうしたら本当に子どもの人権をまもり、保障していくことができるのかを、教師、親、その他の諸主体が真剣に考えて行動することである。抽象的ではあるが、教師は、日頃の教育、指導で自らの自由と権利を自覚しつつ、子どもの学習権の保障と子どもの人権の擁護に向けた取り組みをすることである。

ただし、個人の取り組みには限界がある。とても難しいことではあるが、まずは教師間で、そして次には親、地域、教育行政などとの間での協働が求められる。こうした教育実践からつむぎだされる経験則こそが、新しい理論を生み出すきっかけになるはずである。

3.「教員の地位に関する勧告」にみる教師の教育権

（1）「勧告」の存在意義

もう半世紀ほど前になるが、1966（昭和41）年にILO・ユネスコが「教員の地位に関する勧告」（以下、「勧告」）を採択している。読めば、現代でもその存在価値がまったく薄れていないことがわかる。ここまでみてきた教師の教育権の置かれた状況、教師と他の主体との緊張関係などに対しても、示唆を与えてくれるものである。

国際法における勧告は、条約とは違い日本国内で法的拘束力はないが、国際的

な条理として重要なものである。この間教師の権利や自由を擁護する人々の支えになってきたし、本来、教育行政機関はこれを尊重すべきものであった。さらに、全日本教職員組合が、いわゆる指導力不足教師問題と新しい教員評価問題について「勧告」に基づき「申し立て」を行い、ILO・ユネスコが2003（平成15）年に文部科学省に対して改善を求める勧告を出したことにより、それは単なる条理を超える存在意義を示した[7]。

（2）「勧告」に学ぶ

それでは、「勧告」のなかで本章と特に関連する規定をみていくことにする[8]。規定の文頭の数字等は項番号である。

　　6　教員の仕事は専門職とみなされるものとする。教師の仕事は、きびしい普段の研究を通じて獲得され、かつ、維持される専門的知識および特別な技能を教員に要求する公共の役務の一形態であり、また、教員が受け持つ児童・生徒の教育および福祉に対する個人および共同の責任感を要求するものである。
　　61　教職にある者は、専門的職務の遂行にあたって学問の自由を享受するものとする。（後略）

「勧告」は、教職を専門職であると明確に性格づけたうえで、教師に学問の自由を認めている。学問の自由には、「教授の自由」も含まれる。専門職である教師の仕事をしていくには、研究活動（研修）とその成果を教授する自由が享受される必要があるということになる。

　　9　教員団体は、教育の進歩に大きく寄与することができる。したがって、教育政策の決定に関与させられるべき勢力として認められるものとする。
　　10　(k) 教育政策とその明確な目標を定めるため、当局、教員団体、使用者団体、労働者団体、父母の団体、文化団体および学術研究機関の間で緊密な協力が行われるものとする。

これらの項は、「教育政策関与権」に関係する規定である。教師が組織する教員団体が教員政策の決定に関与できるべきであるとしている。また、教員団体が教育政策を形成する上でのパートナーとして位置づけられていることも注目できる。教育行政は独断的に教育政策を決定するのではなく、教師を含めた広範な

パートナーとともに政策協議を行うモデルが提示されている。

> 8　教員の労働条件は、効果的な学習を最もよく促進し、かつ、教員がその職業的に任務に専念できるようなものとする。
> 85　教員は価値のある専門家であるので、教員の仕事は、教員の時間および労力を浪費することがないように組織され、かつ、援助されるものとする。

教師の労働権との関わりでは、これらの諸規定から、教員は本来の仕事に専念して、子どものために効果的な学習を提供できるような労働条件でなければならないことが示されている。

ここでは「勧告」のうち関連深い項を抜粋し提示したにすぎない。それでも、教師の教育権について学び、考え、そして行動するうえで優れた教材である。これから教師になろうとしている人、教師として働いている人には、ぜひ各項を自分なりの解釈ができるように、さらに学習を進めることを勧めたい。

注
1)　「子どもの権利の特殊性」については、堀尾輝久『子どもを見なおす ― 子ども観の歴史と現在 ―』(岩波書店、1984年、97-102頁)を参照した。
2)　勝野尚行編『教育実践と教育行政 ― 教職理論研究入門 ―（全訂版）』法律文化社、1972年、132-170頁。
3)　具体的な数値等は、平成18年度文部科学省委託調査「教員勤務実態調査」報告書を参照のこと。http://berd.benesse.jp/berd/center/open/report/kyouinjittai/2006/index_sc.html。
4)　文部科学省「平成23年度公立学校教職員の人事行政状況調査について」
http://www.mext.go.jp/a_menu/shotou/jinji/1329089.htm。
5)　大前哲彦「教師と健康」(日本教師教育学会編『教師として生きる ― 教師の力量形成とその支援を考える ―』学文社、2002年、135-148頁)を参照のこと。
6)　教育権論の学説史については、伊藤進「子ども・教師の法的位置づけ論 ― 教育法学の役割を考えよう ―」(『日本教育法学会年報』第39号、有斐閣、2010年)、および篠原清昭「教育法の法理論 ―「国民の教育権」論の再考 ―」(篠原清昭、笠井尚、生嶌亜樹子『現代の教育法制』学文社、2010年)を参考にした。
7)　この「申し立て」と「勧告」についての経緯や意義については、勝野正章・小島優生・新堰義昭・山田功『「いい先生」は誰が決めるの？ ― 今、生きるILO・ユネスコ勧告 ―』(つなん出版、2004年)がくわしく、わかりやすい。他に、堀尾輝久・浦野東洋一編著『日本の教員評価に対するILO・ユネスコ勧告』(つなん出版、2005年)もある。
8)　以下、「教員の地位に関する勧告」の各項の規定は、『教育小六法2014 平成26年版』(学

陽書房、2014年）所収の名古屋大学教育法研究会の訳によるものである。

〈注記〉
　本章におけるインターネットサイトへのアクセス日は、すべて 2014 年 1 月 28 日である。

第2章 教師の専門職性と労働者性

1. 教師の労働者性

(1) 教師の労働者性と労働権

　教師の労働者性は、教師の社会的存在に関係する概念であるので、教師の労働者性を主張するためには、まず教師の客観的な社会的存在が労働者であるか否かを明確にする必要がある。もっとも、かつては教師は、専門職だから労働者ではないとする見解があったが、今日では教師の社会的存在は労働者であるということは、大方の認めるところとなっているといってよい[1]。

　教師が労働者であることのメルクマールは、さしあたり、①生産手段を所有していない、②学校管理権者と労働契約関係を結び、労務を提供し、その反対給付として給与を得ている、③拘束勤務時間中は、上司の管理の下で、職務に従事している、ことがあげられる。教師の教育労働が、自主労働の特殊性をもつが、なお「従属労働」の一般的性質を持っているとする見解がある。論者は、その点について、教育労働の法制度面の特徴として、①教育労働も賃労働にほかならず、教師も「生活の資は賃金（給与）しかなく、また教育労働も人間労働である以上、労働の対価としての賃金を得る資格がある」、②教育労働も拘束労働であり、すなわち教師も「労働時間と労働場所（勤務時間と勤務場所）とにおいて一応拘束されている」、③小中高校教師の「教育労働は、管理機関の人事権によっても身分的に規制されている」、ことをあげている[2]。要するに、法制度面からいっても、教師は「従属労働」の一般的性質を有する労働者にほかならないのである。

(2) 労働権と全面的発達の権利

　教師は、労働者であることにより、その属性として労働者性が認められることになる。労働者性の内容は、実質的に労働権の内容と一致するとともに、その実

現の制度的保障として労働基本権が主張されることになる。人間は本来労働を通して全面的発達するとするならば、労働権は、全面的発達するための権利である。教師は、その労働、すなわち教育労働を通して、全面的発達をめざすことになる。

ところで、生涯にわたって真実を知る権利、探求の自由として、国民の学習権の確立の必要を説く見解がある。論者は、労働者の学習権を国民の学習権の中に位置づけ、「労働は本来人間の本質の自己実現であり、経験と学習をもとにしての構想力と創造性にその本来の姿がある。労働者が奴隷の労働（疎外労働）から脱して、労働の主人たるべきだという自覚と結びついて、労働への権利の実現をめざす運動のなかで、教育への権利がとらえなおされ、労働への権利要求は教育への権利要求と結びつけられて要求されてきた」としている。そして、国民の学習権の根拠として、とりわけ憲法23条の学問の自由、憲法26条の教育を受ける権利をあげている[3]。教師が、教育労働者として、労働を人間の本質の自己実現の労働に変えることは、教育労働を学問的労働に変えることを意味し、そのためには学習権（真実を知る権利、探求の自由）の保障が不可欠のものとして位置づくことになると考えられる。

憲法27条の労働権をもっぱら就労の機会や一定の労働条件との関連でとらえることを、経済主義的把握として批判し、労働権を物的生存権と発達権の2つの契機の統一において把握すべきであるとする見解がある。論者は、労働権の経済主義的把握を克服するために、①労働権の思想をより掘り下げ、「労働こそ人間を人間たらしめる根元的契機であり、生産的労働こそ人間の全面発達の達成を可能ならしめる契機」であると認識すること、②「社会権としての労働権の概念内容を、自由権としての思想の自由・表現の自由・学問の自由などと関連づけて捕捉すること」を主張している。そして、労働権とは、「自由な人間的労働への権利」であり、そのなかには、物的な生存権充足の権利とともに、「資本主義的疎外労働を自由な人間的労働にくみかえるべく実践し運動する権利が含まれる」としている[4]。また、論者は、労働権を全面的発達の権利として行使するためには、学問研究が必要不可欠であるとする。教師の場合、人権としての学問の自由は、公教育の総体に及び、公教育研究の自由、公教育実践の自由を含むとしている。教師の教育の自由は、公教育実践の自由と同義であるが、現実の公教育体制のなかには、教育労働運動が教育労働を学問的労働に変えようとするのに対し

て、国家権力の教育政策が教育労働を教育の自由否定の強制労働に変えようとする、という対立・矛盾（学問的労働としての教育労働と疎外労働としての教育労働との矛盾）が内在しているという。教育労働運動は、公教育の総体を認識と変革の対象とし、公教育実践の自由と公教育研究の自由の統一を提唱・行使するものでなければならないとしている[5]。人間の本質の自己実現、全面的発達のための労働権の行使（専門職性の発揮）は、公教育の総体を認識と変革の対象とし、公教育実践の自由と公教育研究の自由の統一の実現をめざすものであると考えるべきである。

(3) 教師の労働権と子どもの学習権

　教育労働を学問的労働に変えることは、教師にとっては教育労働を教師の全面的発達の契機にすることであるが、他方被教育者である子どもにとっては、教育の本質を実現し、子どもの学習権・発達権の保障につながるものである。教師の教育の自由は、教育労働を教師の全面的発達の契機とするための学問の自由の行使として保障されるべきであると同時に、子どもの学習権・発達権の充足のために、保障されなければならないのである。

　教師が雇用関係の下で働いていることと、労働者階級の一員として重要な役割を担っているということとは、必ずしも一致しないことを指摘する見解がある。雇用関係からは、教師にさまざまな制約、すなわち、管理権、人事権、財政権などを通じて、雇用主（教育行政）の教育意思が、教師に強制されるが、教師が労働者階級の一員として担っている国民教育の課題は、その教育意思の強制に従順に従うだけでは遂行できない。この教師の問題は、子どもの発達の条件、学習の条件が貧困化してきている状況と相関関係がある[6]。教師の労働条件が、子どもの教育条件でもある部分は、相当ある。したがって、教師が労働条件改善のために労働基本権を行使するとき、子どもの教育条件の改善につながる場合が相当あるわけである。教師の労働者性の発揮には、こうした労働基本権の行使も含まれるのである。

2. 教師の専門職性

(1) 教師の専門性と専門職性

　教師（教職）の専門性と専門職性とは、区別せずに使用したり、専門性で代表させて使用したりする向きもあるが、本章では区別して使用する。教師（教職）の専門性は、教師の労働内容、すなわち教育労働内容の特殊性に関係する概念である。教育労働は、教育に関する専門的な知識・技術・技能を必要とする労働である。教育労働の学問的労働性を強調する論者は、教職の専門性の内容を、教育労働そのもののなかで学問することができる能力であると把握している。教育労働のあり方については、教育目的、教育内容、教育方法の3つの側面から究明されなくてはならないが、「教育労働の科学性を高めていくために、この三つの契機のそれぞれのあり方について、教員が教育労働そのものへの取り組みのなかで自由に研究し実践し再研究し再実践していく（このことが『学問する』ということの内容である）ことのできる能力、これこそまさに教員に必要とされる専門的能力＝専門性の本質的内容にほかならない」としている[7]。教師の専門性の内容は、言い換えれば教育の自由を行使できる能力である。また、教師が教育の自由を行使できるためには、そのための物的な教育条件整備が必要である。教育の自由の主張は、それに必要な教育条件整備の要求も伴うべきなのである。したがって、教師の専門性の主張は、それに必要な教育条件整備の要求を伴うことが求められる。もちろん、教育の自由の行使は、子どもの学習権を保障するものでなければならないことと同様、教師の専門性の主張は、子どもの学習権保障を前提とするものである。

　論者は、教師の専門性に対して、教師の専門職性は、教師の教育「労働そのものの特殊性に関係した概念」であるという（論者の主張からは、むしろ教師の教育労働全体〈管理を含む〉の特殊性に関係した概念とした方がよいと考えられる）。そして、「専門職従事者が掌る労働＝専門職労働そのものが科学性・学問性を要求される労働であることに由来して、彼らがそのような労働をそれとして展開しうるように、彼ら専門職従事者が、学問の自由（労働研究の自由と労働実践の自由）、この自由権を労働そのもののなかで現実に行使しうるよう

な労働条件、当該労働の自治的管理権、ひいては当該労働に関する政策の形成権または関与権、などを享受しうるような状態におかれていなくてはならない、ということを示すための概念なのである」としている。したがって、教師専門職論は、教師の「対国家（対行政）的諸権利」について論ずる理論でなければならない、と主張する[8]。教師の専門性は主として教育の技術過程に関係する概念であるのに対して、教師の専門職性は主として教育の組織過程に関係する概念である。教師の専門職性には、例えば公教育運営の問題（人事などを含む）の協議に参加したり、教育政策に関与する権利が含まれることになる。この専門職性も、子どもの学習権保障が前提である。

　教育労働の特殊性につながる問題を、教育労働の特徴として論じている見解がある。論者は、教育労働を特徴づけることとして、①国民に対する直接責任性、②教育内容・方法の科学性とそれを探求する誠実性、それゆえに教育の自由、自律性が必要であること、③人格的な結合を媒介にして後継者、すなわち将来の主権者を育成すること、④教育成果の不可測性、だから教師の集団的英知が必要であること、⑤教育労働の集団性、すなわち教師が雇用関係にあることをぬきに、直接責任、科学性、主権者育成の問題もありえず、教師の団結＝集団性の問題が出てくること、をあげている。そして、教師の権利確立・労働条件の改善と、子どもたちの教育条件の改善とを、緊張関係にある課題として把握し、その課題の実現のためには、教師の雇用関係における改善を闘いとることが不可避としている[9]。この問題は、教師の労働者性と専門職性の統一的把握の問題としても後で考察する。

（2）子ども・父母・住民の学校参加

　専門職としての教師が、専門性、専門職性を発揮する場に、素人の子ども・父母・住民が参加することは、ふさわしくないと考える向きがあるかもしれない。しかし、教育が国民の権利であり、教師は子どもを教育する責務を負う親・国民の委託を受けて子どもの教育に当たる、すなわち親・国民に直接に責任を負って教育に当たるのである（教師も国民の1人である）。したがって親・国民に対して直接責任を負い、果たすことは、教師の専門性、専門職性の内容の1つなのである。要するに、教師の専門性、専門職性と子ども・父母・住民の学校参加とは、

対立関係にはないのである。

　戦後当初の文部省の著作物には、生徒・父母・住民参加の考えがうかがわれる。例えば、『新制中学校・新制高等学校望ましい運営の指針』は、学校の教育方針を立てるには、校長・教師のほか、生徒、土地の人々も参加することが必要であり、生徒の性質や学習過程の本質について、校長・教師・父兄が研究を進め、さらにこれを次々と改訂していくことが大切であるとし、また「地域社会の人々が、教師および校長と委員会をつくって教科課程を論議し勧告案をつくるようなこともしばしばあることであろう」としている[10]。この文部省の考え方が、その後も維持し、発展させられ、教育現場でも実際に実現していたら、欧米諸国のように父母・住民の学校参加が法制化されてきていたかもしれない。

　最高裁学テ判決[11]は、憲法と子どもに対する教育権能において、「子どもの教育の結果に利害をもつ関係者が、それぞれその教育の内容及び方法につき深甚な関心を抱き、それぞれの立場からその決定、実施に対する支配権ないしは発言権を主張するのは、極めて自然な成行きということができる」としている。要するに、関係者である父母・住民が教育への発言・参加を主張することは当然のことなのである（判決は、国も関係者の一員として、教育内容決定権能を認める、という問題があるが）。

　欧米諸国の事例として、次にイギリスとアメリカの場合を見ておくことにする。イギリスでは、学校理事会が学校全体の運営の意思決定を行っている。地方教育当局の維持する学校に理事会を置くことについては、すでに1944年教育法に規定されているが、父母代表理事や教員代表理事などの規定はなかった。法制上に一定の実現を見るのは、1980年教育法である。同法では、学校種別ごとに、父母代表理事の規定が異なっているが、地方教育当局にかなりの裁量が与えられていた。1986年教育（第2）法は、学校規模別に理事会の構成を定めている。一般に地方教育当局の維持する学校では、生徒数300人以上600人未満の学校では、父母代表理事4人、教員代表理事2人、校長、理事会選出理事5人、地方教育当局任命理事5人である。教育課程については、地域全体の教育課程政策は地方教育当局が、学校の教育課程の一般的なことは理事会が、学校の具体的な教育課程編成は校長が、責任を持つと定めている。生徒代表理事については、初等・中等学校の理事会にその枠はなく、理事会選出などの理事として選ぶ場合でも、

任命時に18歳未満の場合は、理事会構成員の資格を与えられないと定めている。継続教育カレッジでは、その後当該期間の生徒であれば、18歳未満でも可能であるとされた[12]。

　アメリカでは、学校に基礎を置く経営（School-Based Management, SBM）や学校に基礎を置く意思決定（School-Based Decision Making, SBDM）は、広く知られている。ケンタッキー州の教育改革法（1990年）では、ＳＢＤＭの下の学校協議会は、3人の教員、2人の父母および校長で構成され、カリキュラム、職員の勤務時間、生徒の割り当て、予定表、懲戒、課程外活動などの政策決定の権限のほか、新校長の選任を含む職員人事に責任をもつとされている。シカゴ学校改革法（1988年）では、学校協議会は校長、教員2人、父母6人、地域住民2人で構成され、校長・教員の採用・解雇のほか、学校の方針決定、学校改善計画の立案があげられている[13]。

　わが国では、欧米諸国のような法制度はまだ実現していない。2007年の学校教育法施行規則改正により学校に置くことができることになった学校評議員（設置者委嘱の有識者）は、校長の求めに応じ、学校運営に関し意見を述べることができるとされているだけである。2004年の地方教育行政法改正により、教育委員会は、指定する学校に、学校運営協議会を置くことができることになった。学校運営協議会の委員は、指定学校の地域住民、指定学校の生徒・児童・幼児の保護者その他教育委員会が必要と認める者について、教育委員会が任命する。学校運営協議会は、当該指定学校の運営に関して校長の作成する基本的な方針に対する承認の権限をもち、学校運営事項について教育委員会または校長に、意見を述べることができる。また学校職員の任用に関する事項について意見を述べることができ、そして指定学校の任命権者は当該職員の任用に当たっては、その意見を尊重するものとされている。学校運営協議会は、欧米諸国の学校理事会等のような権限はないが、学校運営に関してある程度参加が可能な制度のようにみえるが、教育委員会指定の学校のみに設置可能で、今日のところ指定学校はまだ極めて少数である。

　今のところ点在している学校参加の多くは、開かれた学校づくりの運動のなかに位置づけられる。先駆的な事例として、長野県辰野高校の三者協議会、上田市立第六中学校の四者会議などがあり、また地方自治体が要綱をつくるなど、

いわば自治体公認の開かれた学校づくりの事例としては、高知県の「土佐の教育改革[14]」、川崎市の教育市民会議・地域教育会議[15]がある。以上の協議会・会議においては、協議事項や活動は、教科指導や生活指導など教育の技術過程に関することが中心であり、欧米諸国とは異なり、管理・運営など教育の組織過程に関することは対象となっていない。子ども・父母・住民の学校参加は、わが国の場合、欧米諸国に比して、まだ不十分であるが、なおかつ、それらを広げていくことは課題である。

3. 教師の専門職性と労働者性との統一的把握

（1） 教師の専門職性と労働者性との統一的把握

　まず教師の専門性と労働者性との関係については、専門性が労働（内容）の特殊性に関係する概念であり、労働者性が客観的な社会的存在に関係する概念であり、両者は次元が異なる概念である。どんな労働でも、一定の専門性が不可欠である。一般の労働者は、その専門性を高めることにより、賃金・労働条件にもよい影響を期待することができる。逆に、労働者が、労働者性を発揮して賃金・労働条件をよくすることは、その専門性を高めることにつながるといえよう。教師の場合も、子どもの学習権保障に資する専門性の向上をめざすことは、それを可能ならしめる労働条件等に、そして労働者性によい影響を与える。他方、労働者性を発揮し、労働条件を改善することは多くの場合、教育条件の改善につながり、子どもの学習権保障に資する専門性の向上によい影響を与える。この限りでは、教師の（一般労働者の）労働者性と専門性との統一的把握は可能なのである。教師の専門性が、教育の自由を行使できる能力と言い換えることができるとするならば、それは教育の不当な支配を排除することもできなければならず、そして教育課程編成にもつながるものといえよう。

　教師の専門職性の内容は、父母の委託に応え、子どもの学習権を保障するために、専門性を前提としつつ、専門性を発揮するにふさわしい教育条件を要求し、教育の現実に影響を与える教育政策にも関与することができなくてはならない。したがって、国家・行政からの自由だけでなく、教師（集団）による教育課程編成権、学校の自治、教育政策関与権を要求する専門職性の発揮は、労働条件等

に、そして労働者性によい影響を与える。他方、教師が教育労働を全面的発達の契機とし、教育労働の中で学問の自由を行使し得るよう労働条件等の改善を要求する労働者性を発揮することは、子どもの学習権保障のための教育労働の自治管理権、教育労働に関する政策関与権を要求する専門職性によい影響を与えることになる。以上から、教師の労働者性と専門職性とは、統一的に把握されるのである。

　専門職（専門的職業）は、学問職（学問的職業）と同義の概念であると主張する見解がある。論者は、学問職と研究職との違いについては、研究職は自然・人間・社会をもっぱら認識の対象とする職業をいうのに対して、学問職は、一定の労働対象を持ち、その労働対象の変革的実践そのものの中で研究し実践し再研究し再実践するような職業、つまり「学問する」職業をいうとしている。要するに、学問職は、労働実践そのものが主目的であり、その労働実践をより科学的なものにしていくためにこそ、その労働実践のあり方についての学問的な研究を積み上げるような職業であるとする。本来的には、物的生産労働も学問的労働であることを否定しないが、「労働対象が物的自然である場合と人間的自然である場合とでは、事情はかなり違」うとし、「人間的自然こそもっとも高度に発展し無限の変革可能性をもつ自然だからであり、しかもその人間的自然が労働対象である場合には、労働対象そのものが学問的労働を要求してくるからである」としている[16]。「本来的」、将来的には、どんな労働も学問的労働となり、その職業は専門職となることが考えられる。例えば、管理運営事項は経営者の決定事項であり、労働者の関与外であるとされているが、欠陥自動車が人身事故を起こした事例を見ると、自動車生産労働者自身が、自動車利用者の安全を考えて、労働内容を編成し、その労働を学問的労働に変えていくことが求められるからである。

　教育を受ける権利の保障と教師自らの解放を、統一的に把握している見解がある。論者は、一方に教育条件の不整備（教育を受ける権利の侵害）と教育内容の権力的歪曲・統制、他方に教育労働者の劣悪な生活・労働条件と自主性の剥奪という事実がある中で、子ども・父母の側は、教師の教育活動の貧困化に不満をもち、劣悪な教育・生活条件に悩む教師は、父母からの教育の貧困への責任追及に、いたたまれない気持ちになるとする。そして「教育権保障を文字どおり実現して

いくことと教師が自らを解放していくこととが、少なくともこのような矛盾的現象を呈し、教師に解決を迫るがゆえに、それが教師に集団として団結の必要性を感じさせ、その団結の質を思想的に革新していくことを課題として意識させ、教師たちをつきうごかしていく」としている。教師集団の教育権の独立を実現する上で重要なことは、「教師が労働者として労働条件の改善（労働内容の自主的編成・実施が含まれる）について、文字どおり、労使の一方の当事者としての権利を確立していくことであ」り、私立学校では、労働条件の改善も教師の教育権の確立も、ともに厳しい労使間の交渉によることなしには実現しないが、「公務員としての教師にとっても、事柄の本質は同様である。教師の『教育権の独立』は教師の労働基本権の確立と不可分一体のもの」であると主張している[17]。換言すれば、教育の貧困化という社会的現象を前にしたとき、教師の専門職性と労働者性とは不可分一体のものとして把握すべきことを示しているものといえる。現今の東京都の日の丸・君が代問題についていえば、東京都教育委員会が、労使関係を前提に懲戒処分を振りかざして、教師たちに日の丸・君が代という教育内容を強制している現実を見るとき、教師の専門職性と労働者性とを統一的に把握すべきことは、不可避的に要請されているといえる。

（2） 教師の労働基本権と子どもの教育を受ける権利

最後に、教師の争議行為（ストライキ）と子ども（国民）の教育を受ける権利が問題になった裁判事例を素材に、教師の労働者性と専門職性との関係を見ておこう。教師の争議行為（労働基本権の行使）は、教師の労働者性の内容に含まれ、子どもの教育を受ける権利を保障する責務は、教師の専門職性の内容に含まれるからである。都教組勤評反対（刑事）事件東京地裁判決[18]は、教職員の争議権も、憲法28条によって保障されるが、「教職員が争議行為を行うときは、児童生徒の教育に支障が生じ、憲法に保障される国民の教育を受ける権利が侵害されることは疑いない。このように教職員の争議権と国民の教育を受ける権利が衝突する場合、いずれの権利を優越させるかは、その権利の性質により、どのように決するのが国民全体の利益にもつとも合致するかを考慮して決すべきである」としている。この部分に対しては、国民の教育を受ける権利と教師の労働基本権とを天秤にかけるのは、間違っており、教師が統一行動にでたのは、勤評が職場

の空気を悪くし、結局生徒の受ける教育の質を悪化させるのだという認識が、教師にあったからである、という批判がある[19]。要するに、この批判は、労働基本権の行使である教師の労働者性と、子どもの学習権保障を含む教師の専門職性とを対立的に把握すべきでないことを示唆していると見ることができる。

　都教組勤評反対行政処分事件東京地裁判決[20]は、上記の判決と同様、教師の争議権を憲法で保障された権利とし、地方公務員法37条1項について合憲的限定解釈の立場をとるが、教師の争議行為が児童・生徒に与える精神的悪影響については、「争議行為に当たって、児童・生徒の面前で暴力が行使される等その手段・方法等に行きすぎたものがあり、教育上深刻な打撃をあたえるものであれば、それが児童・生徒に精神的悪影響を与える結果になることは否定できないが、争議行為として許された手段・方法等による正当なものであるかぎり、教員が争議行為を行うこと自体による悪影響をうんぬんするのは、きゆうにすぎない」としている。これに対して、回答の1つの筋道であるが、教師ストをめぐる子どもの精神的状況について、より教育的に突っ込んだ検討が必要であると主張する見解がある。論者は、児童・生徒の発達段階に応じた"ストライキ人権教育"および"ストライキ生活指導"が必要であるとし、そのことが児童・生徒の「学習権の充実に寄与」するとしている[21]。ストライキ人権教育・生活指導は、教師の労働者性を前提とした専門（職）性の発揮であるといえるとともに、教師の労働者性と専門職性との統一的把握が不可欠であることを示していると考えられる[22]。

注
1) 勝野尚行「専門職労働者論」勝野尚行編『教育実践と教育行政』法律文化社、1972年、233-244頁参照。
2) 兼子仁「教育労働者の特殊性」『日本労働法学会誌』第33号、1969年、33-34頁、兼子仁『教育法学と教育裁判』勁草書房、1969年、86頁。
3) 堀尾輝久・兼子仁『教育と人権』岩波書店、1977年、10、20、202頁（堀尾）。
4) 岩本憲・勝野尚行・勝野充行『国民の教育と教育権』福村出版、1971年、368-383頁（勝野尚行）。
5) 同前、315-325頁（勝野尚行）。
6) 牧柾名『教師の教育権』青木書店、1976年、31-34頁。
7) 勝野尚行、注1) 論文、290-291頁。

8) 同前、292-293 頁。
9) 牧、前掲書、37-42 頁。
10) 文部省『新制中学校・新制高等学校望ましい運営の指針』1949 年、8, 22 頁。
11) 学力テスト事件最高裁昭和 51 年 5 月 21 日判決判例時報 814 号 33 頁。
12) 榊達雄「イギリスおよびアメリカにおける子ども・父母・住民・教職員の学校参加」勝野尚行・酒井博世編『現代日本の教育と学校参加』法律文化社、1999 年、229-235 頁。
13) 同前、237-241 頁。
14) 東海研編集部「高知県『土佐の教育改革』の現地調査と一部資料紹介」『教育自治研究』第 14 号、2001 年、東海教育自治研究会、67-73 頁。
15) 勝野充行「日本における教育参加・住民自治の事例」勝野・酒井編、前掲書、279-299 頁。
16) 勝野尚行、注 1) 論文、295-296 頁。
17) 牧、前掲書、147-149 頁。
18) 東京地裁昭和 37 年 4 月 18 日判決判例時報 304 号 4 頁。
19) 宗像誠也・国分一太郎編『日本の教育』岩波新書、1962 年、206-207 頁（宗像）。
20) 東京地裁昭和 46 年 10 月 15 日判決兼子仁・佐藤司編『教育裁判判例集 II』277 頁。
21) 兼子仁『教育権の理論』勁草書房、1976 年、79-83 頁。
22) 本章は、拙稿「専門職労働者としての教師」榊達雄・酒井博世・笠井尚編『現代教育と教師』大学教育出版、2006 年、1-13 頁をかなり手直ししたものである。

第3章 教職員組合運動
― 岐阜県の場合を中心に ―

1. 教職員組合運動の実際

（1） 岐阜教組と組合連

　岐阜県教職員組合（以下、岐阜教組）は、1991年に結成された。岐阜県教職員組合（義務制組織、以下、岐教組）と岐阜県高等学校教職員組合（高校・障害児学校・県立関係組織、以下、高教組）の統一による。全日本教職員組合（以下、全教）に加盟している。統一前は、岐教組と高教組による連合体・岐阜県教職員組合連合会（以下、岐教連）として日本教職員組合（以下、日教組）に加盟していた。岐教連は、1946年に結成されているが、当時は、岐阜県国民学校教職員組合（のち学制改革に伴い岐教組結成）、中等学校教職員組合（中教組、のち高教組と改称）、青教組（青年学校関係）が参加し、1947年に日教組に加盟している[1]。

　岐阜県では、1961年頃から、いわゆる「教育正常化」とする日教組、岐教組からの脱退攻撃が行われ、岐阜県の義務制組織は、岐教組の他、岐阜県学校職員組合（以下、学組、全日本教職員連盟（以下、全日教連）に加盟）やどちらにも加盟しない郡市単位の組合が6つ結成された。岐教組・高教組は、「権力によって不本意に脱退・分裂させられたので、テキ呼ばわりはしない」との立場から、他組合、非組合員に対して、共通の要求を基礎に共同して運動を進めることを一貫して訴えてきている。その後、1967年に、岐教組、高教組に加え、揖斐、郡上、高山、不破、吉城、養老の各郡市教組、および学組の代表者が集まり、賃金問題を中心に共同組織としての岐阜県教職員組合連絡会議（以下、組合連）を発足させている[2]。

　現在、組合連には、揖斐郡教組、岐阜教組、高山市教組、飛騨市教組、養老郡教組が参加している。組合連としては、岐阜県人事委員会に、登録はしていない。

（2） 長時間労働・多忙化問題

　教育活動と教育労働をめぐる課題の一つに、長時間労働・多忙化問題がある。岐阜教組は、2003年に勤務実態調査を行い、2005年から組合連で調査を続けている。2003年には健康破壊ライン超えが55.2％、うち過労死ライン超えが22.5％であったものが、2013年には、それぞれ、77.8％、47.3％となっている[3]。全国の病気休職者等の推移を見ると、2002年5,303人（うち精神疾患による休職者2,687人）が、2011年には8,544人（5,274人）、対在職者比率でも2002年0.57％（0.29％）から2011年0.93％（0.57％）と急増し、精神疾患については、実数も比率も倍増に近い値になっている。精神疾患の対病休者比率は2002年50.7％が2011年61.7％と増加している[4]。この結果は、時間外労働の急増と無縁であるとは考えにくい。

　教職員の勤務実態調査は、2006年に文部科学省が、全教が2012年に行っている。それ以前の文部省による勤務実態調査は、1966年である。1966年と2006年を比較すると、1966年の残業時間は月8時間、2006年は34時間となっており、勤務実態の傾向として、勤務時間内については、授業準備・成績処理や学校行事に費やす時間が減少、事務的業務が増加、特に自主研修は激減、生徒指導等が激増している。残業時間については、授業準備・成績処理、事務的な業務、補習部活等が2～3倍に増加し、保護者対応も増加している[5]。全教調査からは、1ヵ月の平均時間外勤務時間は、平日54時間19分、土日15時間13分、持ち帰り仕事時間は、平日12時間40分、土日9時間1分、平日に取得できている休憩時間は1日あたり平均19分とのデータが得られている。また、同調査の意識調査からは、今の仕事はやりがいがあるとする一方で、仕事に追われて生活のゆとりがない、授業準備の時間が足りない、行うべき仕事が多すぎる、との実態が見える。減らしてほしい仕事として、資料や統計作成・報告提出、会議・打合せ、が上位に挙げられている[6]。

　岐阜教組では、多忙化の要因として、提出書類・作成書類の多さと煩雑さ、研究授業・研究体制などを挙げ、それらの廃止・縮小・簡略化、時間外や休日の教育活動に対しての割振・振替などを要求し、岐阜県教育委員会（以下、岐阜県教委）と交渉してきている。2010年4月から、泊を伴う引率について1泊に付き4時間の割振が実施されるようになった[7]。ただし、あらかじめ計画されている

指導時間を勤務終了時刻に続く4時間としており、それ以外の時間は、超勤項目に該当する時間つまり職務命令が出せる時間（限定4項目）であるので割振の対象外としている。また、多忙化解消アクションプラン[8]とする、チェックシートの活用などによる多忙化解消に向けてのとりくみを通知している。

　研修が、多忙の一因になっている側面も否定できない。教育公務員は、絶えず研究と修養に努めなければならないし、研修を受ける機会が与えられなければならない。また、初任者研修、十年経験者研修が規定され、それぞれ、任命権者は研修を実施しなければならない（教育公務員特例法21条-24条）。岐阜県教委は、経験年数に応じた研修（悉皆）として、初任研（初任者研修）、2年目（フォローアップ、教科指導・学級経営等、2013年より）、3年目、4年目（フォローアップ、小中のみ、2013年度より）、6年目（大学連携）、12年目（地域貢献活動）を設定し、他に、常勤講師研修、職務に応じた研修として、新任校長・教頭・部主事・主幹教諭・教務主任・生徒指導主事・進路指導主事・特別支援学校新任担当教員等を掲げている[9]。初任研は、校内研修180時間、校外研修20日となっている。初任者自身にとっては、研修のため、授業持ち時数の軽減、その補充のための教員配置もあるが、空き時間には教材研究、研修記録作りなどに追われ、子どもたちと過ごす時間を経て児童観・教育観を試行錯誤しながらつくりあげていくゆとりはない[10]。初任研対象教員に対して、指導教員および研修を担当する他の教員（以下、指導教員等）、指導教員に係る非常勤講師、校外研修補充に係る非常勤講師（以下、後補充）が配置される。指導教員等には、その学校の教員または非常勤講師が当たる。非常勤講師は、退職教員が当たることが多い。後補充は、初任者が校外研修に行くときのみの授業を担当するため、年間を通じて数回の勤務しかないので、なり手がなく、校内で補充しあうケースが少なくない。校内には、校長、教頭、教務主任、学年主任、指導教員等からなる初任者研修推進委員会が設置され、年間研修計画を立てて推進することになる。校外研修は岐阜県教委、市町村教委が行うとは言え、授業研修等もあり[11]、学校現場の負担がないわけではない。

　岐阜教組では、初任者の負担軽減など改善を要求してきている。2011年には、初任研、校内研修180時間、校外研修25日であった。2012年には校外研修20日になっているが、その代わり、2年目研修として校内研修1日・校外研修2日

が新設されている。岐阜県教委は、初任研を分散し、もともとあった2・3年目研修自己評価を位置づけ直した、とする。

　青年部アンケートで、負担に感じる研修研究として、小中では、実践論文、市教委や事務所等の訪問、教育課程、市教研・校内研が、高校等では、経年研、教育課程、県教委等の訪問が上位にある。また、学びたいこと（記述）では、授業・専門の力をつける、問題を抱える子どもへの対応などが挙げられているが、それらは、教師として学びたいその中身の充実、じっくりと考えつくりあげていく教育への視点、その追求要求の反映であろう。多忙化の解消、ゆとりある生活を求めることは、教育への視点の追求でもある。

（3）　ゆきとどいた教育をすすめる岐阜県実行委員会

　岐阜教組は、「学校の主人公は子どもたち」「地域に根ざした教育」「学校づくりは、子ども・父母・教職員の三者で」を合い言葉に教育運動をすすめてきている。少人数学級の実現・私学助成の大幅増額・教育費の父母負担軽減・障害児教育の充実を柱に「ゆきとどいた教育をすすめる県下100万署名」運動を1990年から続けている（教育署名運動自体は1989年から）。全教や全国私立学校教職員組合連合（以下、全国私教連）などの運動に呼応した、20年を超える運動で、「ゆきとどいた教育をすすめる岐阜県実行委員会」には、岐阜教組、岐阜県公立高校退職教職員の会、岐阜県退職女性教職員の会、岐阜県母親大会連絡会、岐阜県労働組合総連合、岐阜私学助成をすすめる会（以下、私学助成の会）、新日本婦人の会岐阜県本部が参加している。これまでに延べ740万筆を超える署名を集めており、その運動は、40人学級の実現（小中1991年完結、公立高校1996年完結）など国の制度改善をはじめ[12]、岐阜県独自の少人数学級（2005年度小学1年生で実施、2006年度には小学2年生、2011年には中学1年生[13]、2013年度からは小学3年生[14]と実施範囲の拡大）の実現につながっている。国の施策として、その後、2010年度より公立高校授業料無償化が実現し、35人学級は、2011年度に小学校1、2年生で実施された。それ以後、2012年小学校3年、2013年小学校4年生、と学年を追ってすすめられ、2017年には30人学級とすすめられる計画であったが、2011年には法改正によって小学1年生で35人学級が実施されたものの、2012年の小学2年生での実施は法改正ではなく予算措置

によるものにとどまり、それ以降は、計画通りにすすめられていない。2012年9月11日、日本政府は中等教育、高等教育の漸進的無償化を規定する国際人権A規約の13条2項b、cの適用の留保を撤回した。これにより、「一般的に利用可能」「能力に応じ」「すべての者に対して機会が与えられる」ことに大きく前進することになる。しかし、政府は、高校授業料無償化について所得制限を設けるなど、「漸進」どころか、後退の動きになっている[15]。これは、受益者負担から脱却して高校生の学びを社会全体で支えるという「無償化」の趣旨を損なうものであり、また、教育予算を増やさずに「無償化」予算の一部を回して「低所得者世帯への支援」や「公私間格差の是正」を行うのでは、教育条件の根本的改善にはつながらない。

教育条件整備の運動は、同時に教職員の労働条件の改善、特に多忙化の解消にも直接つながってくるとりくみである。

2. 私立学校教職員組合の運動

(1) 岐阜私教連の結成

岐阜県私立学校教職員組合連合（以下、岐阜私教連）は、1963年に結成されている。各私立学校の教職員組合（単組）の連合体である県連組織である。

1960年時点で、岐阜県の私立学校は、高校が7校であったが、1970年には、高校が14校に増え、2013年時点では、高校20校の他、小学校2校、中学校9校となっている[16]。しかし、組合未結成の学校もあり、現在、岐阜私教連の活動を支えている中心は、高校職場の単組である。

岐阜私教連結成以前、岐阜の私立高校は、生徒数が定員を大きく割り込み、その経営もきわめて不安定であった。また、教職員の賃金も、公立学校に比べて大変に低く、労働条件も、年休を取りにくい、時間外勤務に対しても残業手当の措置もないなど、労働基準法を下回る劣悪なものであり、時には、賃金が期日どおりに支払われないこともあった。退職して久しい岐阜私教連の元役員は、だからこそ組合結成は切実な課題だったと回顧される。

父母・県民の信託に応えるためにも、劣悪な労働条件の改善、教職員の生活と権利の保障が急務となり、公務員並みの賃金、労働条件を確保するため、各私立

学校で教職員組合の結成が続き、各学園の団体交渉、争議支援に向けて、県連組織である岐阜私教連が結成される。1970年頃から、各私立高校では、団体交渉を経て公務員並みの賃金、労働条件が実現されていく。1990年代には、とりくみのすすんだ職場では、常勤講師の専任化、一時金や退職金の増額、昇給短縮、非常勤講師の時間単価引き上げ、住居・家族手当の増額や新設、特別休暇の新設、定年退職者再雇用、45人学級等が実現されている[17]。一方、教職員組合未結成の学園では、その改善は遅れている。

(2) 教職員身分の尊重と私学助成運動 ── 労働条件改善は教育条件づくり ──

1980年代をピークに生徒の減少期に入り、私学経営者は経営の安定を口実に、一時金、退職金、諸手当削減による人件費抑制にとりかかり、最近では、学園によっては、基本給削減、能力給や年俸制、人事考課制度、勤務評定による退職後再雇用の成績要件化などの、提案あるいは強行が行われている。さらに、それまでは経営者と組合の間で合意ができていた校内での組合活動に対して休憩時間の活動すら処分の対象にしようとする、授業を取り上げ実質的に退職を迫る、あるいは根拠のない理由をつけ勤務成績不良として昇給を停止（延伸）しようとする等々、堂々とものを言う組合の幹部を対象に、譴責、昇給延伸、停職などの懲戒処分や、恫喝による退職強要なども行う経営者も出てきている。これら労働争議に対して、各単組が基礎となりながら、団体交渉による不当処分の撤回要求、あるいは岐阜県労働委員会への救済申し立て、岐阜地裁への提訴など、さまざまなとりくみを行い、それに対して岐阜私教連は、解決に向けての全面支援とともに、全国支援のとりくみも続けている[18]。

私立学校は、国公立学校と同様に、公教育の一翼を担う「公の性質」を持っている。私立学校法は私立学校の「公共性」を高めるため、設置者を学校法人とし、法人解散時にも残余財産の恣意的処分の防止、役員の親族独占禁止、諮問機関としての評議員会の設置などを義務づけている。私立学校法は、1条で、私立学校の「自主性を重んじ、公共性を高めることによって、私立学校の健全な発達を図ることを目的」とし、2条で、学校を「学校教育法第1条に規定する学校」、3条は、私立学校を、「学校法人の設置する学校」としている。また、学校教育法は、2条2項で、「国立学校とは、国の設置する学校を、公立学校とは、地方

公共団体の設置する学校を、私立学校とは、学校法人の設置する学校」としている。つまり、学校教育法に定める学校は、公共性を持ち、国公立、私立の違いは、設置者の違いのみということになる。

設置者の違いによって、学費等を含めて、学ぶ生徒の教育条件の格差が生じることは、不幸で理不尽なことでもある。岐阜私教連は、1974年3月に条例制定に向けての直接請求運動にとりくんだ。法定署名数2万7,000に対し、12万8,000名分を集約した。岐阜県議会では否決されたが、私学関係予算が増額されるという成果につながっている。

私立学校振興助成法は1976年4月1日に施行されている。1970年度に創設された私立大学等経常費補助金によって、私立小中高の各学校に対しても都道府県での経常費補助が行えるようになった。しかし、その後の経常費増大が私学財政を圧迫してきた。教育条件の公私格差解消に向けての声の高まりの中で成立した法律である。

岐阜私教連は、私学助成運動に継続的にとりくんでいる。前述の「ゆきとどいた教育をすすめる県下100万署名」運動にも私学助成の会の一員として参加し、2008年からは、公立、私立それぞれの教育要求に重点を置き、私学助成の会と岐阜私教連は、ゆきとどいた教育をすすめる岐阜県実行委員会に参加するとともに、独自の私学助成に特化させた署名にとりくんでいる。経常費補助と同時に、授業料等補助の増額・充実に向けた運動はきわめて重要である。

2010年度から実施された高校授業料無償化法は、私学の場合、就学支援額について、公立高校の授業料に相当する額である旨を述べていた（6条）。この法律によって、私学の授業料自体が完全に無償になったわけではなく、したがって公私の父母負担の格差が解消されたとは言えない状況ではあったが、父母の学費負担額が軽減されたのは事実であり、私学経営の安定に向けての一歩となっていたのは確かである。前述のように、高校授業料無償化に所得制限を持ち込むことは、根本的な公私間格差是正にはつながらない。日本のGDPに占める教育費は、OECD加盟国の中で、最低[19]、また、教育支出に占める家計負担の割合は21.8％、特に就学前38.3％、高等教育段階51.4％と、いずれも韓国に次いで2番目に高い[20]現実がある。

義務教育はもちろん、中等教育、高等教育の無償化をめざし、教育の機会均

等、子どもたちの学ぶ権利の保障に向けての運動はますます重要になってきており、私学の課題のみならず、公立との連携も含めて、岐阜私教連のとりくみは、今後ますます重要になってきている。それは何よりも、教育条件の向上と教育労働者の権利向上とは、切り離せない課題であるからである。

3. 教職員組合運動の課題

　非正規労働者が全労働者の3分の1を超え[21]、しかも、若者の組合離れも進行していると言われる現実がある。しかし同時に「労組が持っている革新的な側面を、新入組合員たちが理解できる言語体系にうまく乗せて説明することができれば、労働組合に対する理解が進」む[22]との指摘、あるいは、全労連のまとめでは、「労働者の解雇が本格化した昨秋（＝2008年秋）以降、全国で192の非正規労組が誕生[23]」している現実、また、大学生へのアンケートで、67％が労働組合に入りたい[24]との回答がある。若者の労働、雇用、生活や権利を守るための労働組合、教職員組合の役割はますます大きくなってきている。

　岐阜教組は、対岐阜県教委、支部による対市町村教委、職場・分会での対校長など、さまざまな交渉を行っている。職場交渉は、行政解釈上、交渉と言えないが[25]、勤務条件に関わる内容のみならず、教育の内容や方法についても、話し合いを行っている。支部は市町村をまたがっているので、岐阜教組の支部役員が、交渉を行う当該の市町村身分ではない場合もあるが、職場を超えた課題についての話し合いを行っている。それらは、労働者および専門職としての両面からの交渉と協議である。

　一方、私学の場合は、労働組合法に基づいて、その学校の単位組合が直接雇用者である当局との団体交渉を行うことになる。その場合も、労働条件の改善は、同時に、学校の児童生徒の学習保障の観点が内包されている。

　教員の「身分は尊重され、待遇の適正が期せられ」（教育基本法9条）なければならない。また、「教育を受ける権利が基本的人権の一つ」であり、「教育の進歩における教員の不可欠な役割、ならびに人間の開発および現代社会の発展への彼らの貢献の重要度を認識し」「この役割にふさわしい地位を享受することを保障」（ILO・ユネスコ「教員の地位に関する勧告」前文）するため、「教育の目的、

目標を完全に実現するうえで、教員の正当な地位および教育職に対する正当な社会的尊厳が大きな重要性を持っていることが認識」（同5項）され、「教育の仕事は専門職」（同6項）であり、「教員の労働条件は、効果的な学習を最も良く促進し、教員がその職業的任務に専念することができるものでならなければならない」（同8項）のである。これらは、やはり不断の努力によってこそ実現できるのであろう。教職員組合の役割は、公立、私立に関わりなく、教職員の生活・権利とその身分を守ると同時に、教育の自由を守り、教育の目的、目標を実現することにある。そのことが身分尊重を意味している。

　2003年2月、岐阜県教委は、2003年度「資質向上研修等代替非常勤講師設置」に3億円の予算を計上している。指導力の不足する教員120名を研修させて資質向上を図る、研修期間中の代替講師雇用の予算措置をするというものである[26]。問題は、120名との数値が報道発表され、その人数に見合う「指導力不足教員」を各校で「認定」し始めたことである。岐阜教組は、事業の内容が不透明であり「認定」基準が不明確なこと、今あるさまざまな教育の困難は単に指導力の不足ではないこと、民間研修では指導力の回復にはつながらないこと、教員の身分尊重を無視するものであること、をもとに岐阜県教委と交渉を行い、また、個別の相談にも応じ、各職場での交渉を経て「認定」を撤回させ、また、「研修」となった場合にも、研修を短縮させる、あるいは研修と称してのハラスメントまがいの行為をやめさせるなど、組合員が該当教員を励まし続け、退職に追い込まれないなどの手だてを講じてきた[27]。

　「みんなで21世紀の未来をひらく・教育のつどい・教育研究全国集会」は全教のみならず、父母、民主団体などとの共同で、「憲法と子どもの権利条約が生きてかがやく教育を」めざして毎年とりくんできている。全国私教連は、全国私学夏季研究集会（全私研）を開催している。教育実践課題のみならず、私学春闘、職場の権利、女性・青年の活動と権利などの民主的職場づくり、あるいは、学費・公費助成問題、父母地域との連携など私学づくりと教育権についての分科会が持たれている。これらは、教職員の生活権利と教育実践課題は、切り離せないものであるからこそ、歴史的に積み上げられてきている。

　憲法28条は、「勤労者の団結する権利及び団体交渉その他の団体行動をする権利は、これを保障する」、つまり、労働者の団結権、団体交渉権、団体行動権を

保障している。しかし、公務員の場合、政令201号（1948年7月22日）によって団体交渉権が制限、団体行動権（争議行為）が禁止された。さらに、その前後につくられた国家公務員法（1947）、地方公務員法（1950）によってその制限は維持されたままであり、団結権も、専従期間の制限（地方公務員法55条）、職員団体の登録制（同法53条）など、一定の制限があると言える。また、位置づけは「職員団体」であり、「職員がその勤務条件の維持改善を図ることを目的」（同法52条）とあり、交渉もできるものの、協約締結権はない（同法55条）、とされている。

CEART勧告[28]は主に3つの領域を問題にしてきた。①専門性の向上、報償、懲戒に関する措置を含む教員の能力評価について、②教員の給与に関わる業績評価について、③これらの政策や運用に関する社会的対話の形式としての協議と交渉について、である。勧告は、賃金決定等いわゆる労働条件に関わるもののみならず、管理運営事項にあたるものも協議と交渉の対象とすべきであるとしている。それは、協調の基礎となる教員団体との協議と交渉によってこそ教育の向上が図られるからである[29]。また、勧告は、「交渉」は交渉の結果としての協定上の合意につながり、「協議」はより流動的で必ずしも決定に至るものではない、とし、「1966地位勧告の背景にある原則は、そのような協議こそが改革の成功に不可欠であるというものであったと理解している」としている。その上で、業績評価に関する運用は誠実な協議の対象、その結果として給与や勤務条件に影響を及ぼす事項は、交渉の対象でなくてはならない[30]、としている。

公務員の労働基本権「回復」の課題がある。地方公務員については総務省が2011年6月2日に「地方公務員の労使関係制度に係る基本的な考え方」を出すなど、その「回復」に向けての動きがあったが、2013年現在、見通しは見えていない。岐阜教組は、交渉によって、条例や規則の改正等、労働条件の改善に向けたとりくみを行うと同時に、教科書採択や学力テストなど、交渉の範疇に入らない課題についても、「協議」を行うなど、教育条件の向上に向けたとりくみを続けている。

私学の場合は、団体交渉を経て労働協約締結に至ることができる。また、私学の各職場でも、労働条件のみならず、私学助成の署名運動や学校経営に関わる課題についても経営者、理事等との話し合い協議を行い、とりくみをすすめてい

る。

　以上見てきたように、公立学校と私立学校とは、教職員の身分としては、公務員と民間労働者という違いはあるものの、教育条件に関わるとりくみ、運動と、教職員の生活権利、労働条件改善の運動は、基本的に共通するものである。これらの運動への期待は決して小さくはない。今後の運動の発展は、若い世代への働きかけによる組合拡大強化のとりくみにかかっていると言ってよい。

注
1)　岐教組四十年史編纂委員会『岐教組四十年史』(以下、岐40年史) 1987年、39頁、49頁、1123頁。
2)　同 818-819頁。
3)　岐阜教組「多忙化実態調査〜時間外勤務の実態〜の結果について」2003年11月13日、報道発表資料、および「教育ぎふ」(岐阜教組機関誌) 2013年8月20日号。岐阜教組および組合連では、1週間の平日および休日の、学校での時間外労働、および持ち帰り仕事を集計し、月を4週分として、それを4倍している。厚生労働省労働基準局長通達・基発第1063号をもとに、健康破壊ラインを月45時間、過労死ラインを月80時間として、それを超える人数の割合を算出。
4)　文科省資料「平成23年度公立学校教職員の人事行政状況調査結果について」
　　(http://www.mext.go.jp/component/a_menu/education/detail/__icsFiles/afieldfile/2012/12/26/1329088_01.pdf)。
5)　http://www.mext.go.jp/b_menu/shingi/chukyo/chukyo3/siryo/07102505/002.pdf。
6)　全日本教職員組合『「勤務実態調査2012」のまとめ(最終報告)』7頁、18頁、24頁。
7)　岐阜県教育委員会「修学旅行等の泊を伴う児童生徒の引率に係る教育職員の勤務時間の取扱いについて」。
8)　岐阜県教育委員会「教職員の勤務負担軽減に向けた取り組みについて(通知)」・教職第239号・平成24年5月22日。
9)　「教員研修の基本構想」
　　(http://www.gifu-net.ed.jp/tmd/kensyu/kenshu/HP/kihonkousou.pdf)。
　　「基本研修」
　　(http://www.gifu-net.ed.jp/tmd/kensyu/kenshu/HP/kihon_keinen-shokumu_.pdf)。
　　「研修講座実施要項」
　　(http://www.gifu-net.ed.jp/tmd/kensyu/kenshu/25youkou/index.html)。
10)　「教育ぎふ」2004年2月15日号。
11)　岐阜県教委教育研修課「平成25年度初任者研修の手引き・小中学校指導者用」

(http://www.gifu-net.ed.jp/tmd/kensyu/syonintext/201.pdf)。
「教育ぎふ」2004年2月15日号。
12) 岐阜教組10年史編集委員会『夢と希望を子どもたちと』54-55頁。
13) http://www.pref.gifu.lg.jp/soshiki/kyoiku-iinkai/kyoshokuin/syoninzu-kyoin-haiti.html。
14) 「読売新聞」2013年2月26日。
15) 2013年10月15日開会第185回国会（臨時会）で「公立高等学校に係る授業料の不徴収及び高等学校等就学支援金の支給に関する法律の一部を改正する法律案（一部改正案）」成立。
16) 『岐阜県学事関係職員録』各年度版より。
17) 全国私教連『92日本の私学教育』115頁。
18) 「岐阜私教連第98回臨時大会議案書」「第101回定期大会議案書」岐阜私教連機関誌『しののめ』2009年度第7、24号、2010年度第25、26号。
19) 文部科学省2010年9月7日報道発表「図表でみる教育OECDインディケータ（2010年版）」。
20) OECD「図表でみる教育2009日本に関するサマリー」
(http://www.oecdtokyo2.org/pdf/theme_pdf/education/20090908eag_japan.pdf)。
21) 「労働力調査（詳細集計）平成25年（2013年）7～9月期平均（速報）結果の概要」(http://www.stat.go.jp/data/roudou/sokuhou/4hanki/dt/)。
22) 藤村博之「若手組合員に労働組合をわかってもらう方法を考える」『労働調査』2007年7月号、労調協、5-6頁、8頁
(http://www.rochokyo.gr.jp/articles/0707.pdf)。
23) 「東京新聞」2009年5月29日。
24) 「労働運動総合研究所等の調査」(「しんぶん赤旗」2009年10月2日)。
25) 榊達雄・酒井博世・笠井尚編『現代教育と教師』大学教育出版、2006年、179頁。
26) 「岐阜新聞」2003年2月14日。
27) 「教育ぎふ」2003年2月28日号外、「第13回定期大会議案」(「教育ぎふ」2003年5月15日)。
28) 「1966年及び1997年の教員に関する勧告不遵守に係る教員団体からの申し立てについての中間報告（インテリムレポート）」、ILO・ユネスコ「教員の地位勧告」の適用を監視・促進する機構である「共同専門家委員会」（CEART）が、2008年4月末に行った来日調査の調査報告書と、実情調査を踏まえた勧告を含む中間報告書を同年10月29日に公表したもの。
29) 同41、42、43項。
30) 同24、25、40項。

第4章 青年教師論

1. はじめに ── いじめ自死事件から青年教師の問題を考える ──

　2013年7月10日、名古屋市立中学2年の男子生徒が自宅近くのマンションから転落死した。残されたノートには「いろんな人から死ねと言われた」と書き残されており、いじめを苦にした自殺と考えられる。この男子生徒は同級生から日常的に「死んでみろ」とか「死ね」と言われていたという。このような状況にあって、担任の教師がどのような対応をしたかが問われている。

　この事件以後、地元の名古屋市教職員労働組合は事件が起きた中学校の教職員の勤務状況などを詳しく調査している。その調査によると、30代の女性の担任教師の勤務時間外在校時間（超過勤務・残業）は、2013年5月は115時間28分、6月は101時間21分となっており、月80時間と言われる過労死ラインを遙かに超える長時間勤務であったことがわかる。この学校の平均も5月が94時間9分、6月で87時間50分であった。超過勤務が恒常化している職場実態がうかがわれる。超過勤務の理由の1つは部活動の指導と思われる。この学校では常勤講師も部活動の顧問を務め、月に200時間を超える超過勤務を行っている講師もいる。このような超多忙化のもとでは子どもたちとゆっくりと接することもままならないであろう。名古屋市で起きたいじめ自死事件は、担任教師の個別指導の問題としてとらえるのではなく、今日の日本の学校、教師が抱える構造的問題として把握しなければならない。

　多くの青年教師は、早朝に家を出て、部活動の朝練を行い、授業終了後は夕方6時過ぎまで部活動の指導を行い、その後学年会などの会議に臨み、その後教材研究、各種書類作成を行い深夜に帰宅するという生活を過ごしている。このような青年教師は日本全国に何万人も存在し、日々、日本の学校を支えている。彼ら、彼女らが肉体的にも精神的にも厳しい日常を乗り切っている原動力は何なのだろうか。おそらくその最大のものは、教師になりたいという願いが叶った達成感か

らくる教職を続けようという強い意思と、日々、子どもたちと接することから実感する教職の魅力であろう。

正規採用であるか、臨時的任用であるかを問わず、青年教師のほとんどすべてはこのような強い意思を持ち、教職への魅力を感じている。しかし、その一方で夢破れ心身ともに疲れ果て教職を去って行く若者も少なくない。

本章では、青年教師をめぐるさまざまな統計資料、白書、アンケートなどをもとに青年教師と青年教師を取り巻く現状と課題を検討し、今後の展望を示していきたい。

2. 青年教師の置かれた位置

（1） 職場の年齢構成と青年教師

表6～8は文部科学省が3年ごとに実施している「学校教員統計調査」結果から作成した小学校、中学校、高等学校の本務教員の年齢構成と平均年齢の推移を

表6　小学校本務教員の年齢構成

区分	1992年度	2004年度	2007年度	2010年度
本務教員数（人）	420,083	388,664	389,819	390,844
合計	100.0	100.0	100.0	100.0
25歳未満	4.3	2.1	2.7	3.3
25～30歳未満	13.4	6.8	8.6	10.1
30～35歳未満	18.1	10.0	9.3	10.1
35～40歳未満	21.0	13.3	11.4	10.5
40～45歳未満	16.0	16.2	14.2	12.5
45～50歳未満	9.7	22.1	18.4	15.4
50～55歳未満	7.2	17.9	20.8	20.7
55～60歳未満	9.4	10.9	13.4	15.9
60歳以上	0.9	0.8	1.1	1.5
平均年齢（歳）				
計	39.6	44.1	44.4	44.3
男	42.0	44.8	45.2	45.2
女	37.9	43.7	43.9	43.8

表7 中学校本務教員の年齢構成

区分	1992年度	2004年度	2007年度	2010年度
本務教員数（人）	270,190	234,017	231,528	232,970
合計	100.0	100.0	100.0	100.0
25歳未満	4.5	1.6	2.0	2.7
25～30歳未満	16.1	7.2	7.7	9.1
30～35歳未満	21.8	12.4	10.9	10.3
35～40歳未満	17.2	15.0	13.2	12.4
40～45歳未満	13.0	20.9	16.7	13.3
45～50歳未満	8.5	19.8	21.4	18.8
50～55歳未満	8.3	13.7	16.3	19.3
55～60歳未満	9.3	8.5	10.7	12.5
60歳以上	1.2	0.9	1.2	1.6
平均年齢（歳）				
計	39.1	42.9	43.8	44.0
男	40.3	43.8	44.8	45.0
女	37.0	41.6	42.3	42.5

示したものである。

　1992年度～2010年度の本務教員の平均年齢の推移は、小学校で39.6歳から44.3歳へ、中学校で39.1歳から44.0歳へ、高等学校で41.6歳から45.4歳へと4歳から5歳ほど上昇している。50歳以上の教員は、小学校で17.5％から38.1％、中学校で18.8％から33.4％、高等学校で25.9％から37.0％へとおよそ本務教員の3人に1人が50歳以上となっている。

　平均年齢の上昇の結果、35歳～50歳未満の中堅層の割合が低くなっている。小学校では2004年度の51.6％が2010年度には38.3％まで下がっている。学校はベテラン層が厚く、青年層が薄くなっている。学校現場の高齢化現象が明瞭に見て取れる。

　高齢化現状と表裏して新規採用者数はここ数年の間、増加している。表9は文科省の「公立学校教員採用選考試験の実施状況について」から作成した公立学校教員の受験者および採用者の推移である。小学校を見ると採用者数は1998年度の4,542人が2012年度には1万3,598人と約3倍になっている。競争率は12倍

表8　高等学校本務教員の年齢構成

区分	1992年度	2004年度	2007年度	2010年度
本務教員数（人）	278,259	242,967	234,278	229,848
合計	100.0	100.0	100.0	100.0
25歳未満	2.7	1.4	1.3	1.7
25～30歳未満	13.1	7.2	6.4	6.9
30～35歳未満	16.6	11.5	10.7	9.8
35～40歳未満	15.0	13.2	12.2	12.6
40～45歳未満	14.7	18.8	16.3	12.7
45～50歳未満	12.0	16.5	18.7	19.2
50～55歳未満	12.7	15.5	16.3	17.5
55～60歳未満	9.9	12.7	14.7	15.2
60歳以上	3.3	3.2	3.5	4.3
平均年齢（歳）				
計	41.6	44.3	45.1	45.4
男	42.4	45.4	46.3	46.6
女	38.6	41.1	42.0	42.4

表9　公立学校教員の受験者および採用者の推移

区分	年度	受験者数（A）	採用者数（B）	競争率（A）／（B）
小学校	1992	34,739	10,987	3.2
	1998	45,872	4,542	12.0
	2006	51,763	12,430	4.2
	2012	59,230	13,598	4.4
中学校	1992	39,005	7,839	5.0
	1998	52,583	4,275	12.3
	2006	59,879	5,118	11.7
	2012	62,793	8,156	7.7
高等学校	1992	28,007	4,383	6.4
	1998	37,437	3,419	10.9
	2006	35,593	2,674	13.3
	2012	37,935	5,189	7.3

から 4.4 倍に低下している。

　今後、青年教師が増加していくことは確実である。それは教育現場にどのような影響を与えるであろうか。平均年齢の低下による職場の若返り・活性化、部活動の顧問などの引き受け手の増加といったプラス面もあろう。しかし、同時にベテラン教師の大量退職に伴う学校の教育力の低下といったマイナス面も少なくない。また中堅層が少ない職場に新採用で配属された青年教師は、赴任したその日から即戦力として期待され、初任者研修を受けながら、学級担任、部活動顧問、校務分掌といった多くの仕事を受け持たされることになる。青年教師の増加は無条件で教育現場の状況をよくするものではない。青年教師の置かれた状況を正しく理解し適切な対応をとることが求められている。

（2）青年教師の意識と悩み

　最初に愛知県教員組合青年部が編集した「2004 青年教師の生活白書」（2004年発行）から青年教師の実態を見ていく。

　「あなたは日々多忙であると感じていますか？」との問いに、「とても感じている」が 67.0％、「やや感じている」が 30.3％、「あまり感じていない」が 2.6％、「全く感じていない」は 0.2％で、97％を超える青年教師が多忙を訴えている。

　「勤務時間外に1日あたりどのくらいの時間、仕事をしていますか？」との問いには、4時間以上が 37.1％、4〜3時間が 28.4％、3〜2時間が 24.7％、2〜1時間が 8.6％、1時間未満はわずか 1.2％であった。

　「あなたは教師として日々悩んでいることがありますか？」との問いには、「とても悩んでいる」が 15.2％、「悩んでいる」が 58.0％、「あまり悩んでいない」は 24.3％、「全く悩んでいない」は 2.5％であった。悩みの理由は、「教材研究や授業方法の改善に十分に取り組めないこと」が小学校で 69.1％、中学校 57.2％で、「心身の休養が十分にできないこと」が小学校 49.7％、中学校 59.4％で、この 2つが上位を占めた。「問題行動を起こす子どもに対する適切な指導が難しいこと」は小学校 41.6％、中学校 45.1％で、「十分に子どもと対話したりふれあったりできないこと」が小学校 37.3％、中学校 33.8％であった。

　部活動については、愛知県は小学校でもほとんどの学校で部活動を行っていることがあり小学校教員の 77.6％、中学校教員の 95.6％が部活動の指導を行ってい

た。「部活動にかかわって困っていることは何ですか？」との問いには、「生活に時間的なゆとりがない」が45.4％、「経験のない活動の顧問で指導の仕方が分からない」が42.6％、「授業準備等の時間がゆとりをもってできない」が40.1％であった。

　この白書からは部活動の指導に追われ、教材研究に追いまくられ、ゆとりのない生活を過ごし、心身ともに疲れ果てている青年教師の実態が浮かび上がってくる。この現状を青年教師が教師として成長していくための通過儀礼として見過ごすわけにはいかない。

（3）条件附採用制度の現状

　公立学校の新規採用教員は教育公務員特例法12条の規定により条件附採用の期間が1年間となり、その間初任者研修を受けることになっている。文科省の「公立学校教職員の人事行政調査について」によると2012年4月1日～6月1日に採用された者で正式採用とならなかった者は355人であった。その内訳は、教特法12条による不採用は1人で、依願退職が348人、死亡退職が2人、懲戒免職が4人であった。依願退職の内訳は、不採用→依願退職が20人、病気が122人（うち精神疾患が106人）、その他（自己都合）が206人であった。正式採用とならなかった者の推移を見ると、2002年度が102人、2006年度が295人でこの10年で3倍以上になっている。全採用者に占める割合も、2002年度の0.64％から2012年度の1.20％と倍増している。精神疾患を理由とした依願退職者が増加しているのが注目される。東京都の不採用者数は98人で最多で、不採用率も2.75％と際だって高くなっている。大阪府は39人（2.06％）、愛知県が35人（2.17％）と続いている。大都市部で不採用者が多いことは、大都市部では地域社会、住民からの教育現場に対する要求が厳しく、行政による条件附採用制度の厳格な運用が行われている結果と思われる。とりわけ東京都や大阪府では日の丸・君が代の学校儀式での徹底的な実施など首長主導による学校現場にたいする管理が厳しくなっており、青年教師が職場で悩みを打ち明け相談できる雰囲気が失われていることも不採用者が多いことの一因と考えられる。

　「青年教師だから」という甘えは許されず、1年目から一人前の教師として同僚からの援助なしで学級経営、学習指導を進めることが求められている青年教師

の苦悩がうかがわれる。

（4） 青年教師と競争原理

続いて「日本の教育を考える 10 人委員会」が 2008 年 11 月に発表した「義務教育に関する教員アンケート調査」の結果を検討していく。同調査は公立小・中学校の教員 1,200 人を対象にインターネットを通じて行われた。

「教員の勤務状況、環境について」に関する質問では、教員の残業（持ち帰りを含む）は若年層において長い傾向があり、20 代では週に 20 時間以上残業を行っている割合は 35.7％にのぼった。

「近年の教育政策について」の質問では、文科省が実施している全国学力・学習状況調査（全国学テ）を引き続き全員参加で行う必要があると回答した者は、全体では 21.2％であったが、20 代は 35.0％、30 代は 25.0％と高くなっていた。教員免許更新制についても必要と答えた者は、全体で 20.7％であったが、20 代は 32.9％であった。副校長・主幹教諭など新たなポストの導入、公募制・ＦＡ制の導入などについても 20 代の教員の支持率が一番高かった。

これはどのような理由によるのであろうか。考えられることは、青年教師ほど自らの教育体験において受験競争をはじめとした競争を経験しており、また厳しい採用試験をくぐり抜けてきている。その結果、競争原理を受容する傾向が強いのではないかと思われる。ベテラン教師に比べて、競争原理、新自由主義にもとづく教育施策に青年教師は親和性を持っているのではないかと考えられる。

同調査では、教員を辞めたいと思うかどうかも質問している。20 代の教員は、「しばしば思うことがある」が 19.6％、「たまに思うことがある」が 34.3％、「あまり思うことがない」が 25.2％、「まったく思うことがない」が 21.0％であった。「しばしば思うことがある」「たまに思うことがある」と回答した割合は全世代を通して 50％を超えているが、20 代の割合が最も低く、最も高かったのは 30 代の 64.6％であった。

この問で注目されるのは「辞めたいと思う理由」である。20 代教員は「業務が多忙すぎるから」が 46.8％で、続いて「教員としての力量に自信がなくなったから」が 24.7％となっている。「教員という職業自体に魅力を感じなくなったから」は 9.1％である。他の年代と比べて、「多忙すぎる」「自信がなくなった」と

いう理由が高く、「魅力を感じなくなった」の割合が低い。多忙であっても、教材研究に忙しくても、部活動の指導に追われていても、それでも教職に魅力を感じ、日々、教育実践に取り組もうとしている青年教師の姿が浮かび上がってくる。

(5) 父母から見た青年教師

それでは父母は青年教師をどのように見ているのであろうか。内閣府が2005年10月6日に公表した「学校制度に関する保護者アンケート」には「あなたのお子様が通う学校の教員に対して満足していますか」との問いがある。「非常に満足している」「満足している」と回答した割合は、公立小学校では28.7％、公立中学校では19.6％に過ぎない。「どちらともいえない」が公立小学校では42.5％、公立中学校では50.0％であった。満足している理由は、公立小学校では「児童・生徒に対する指導力」が60.5％、「児童・生徒の学習に関する問題での対応力」が39.5％、「児童生徒の学習以外の問題での対応力」が38.4％であった。逆に不満足であると回答した人の理由は、「児童・生徒に対する指導力不足」が67.6％、「児童・生徒の学習に関する問題での対応力不足」が49.1％、「児童・生徒の学習以外の問題での対応力不足」が49.1％、「責任感の欠如」が45.1％、「社会的常識の欠如」が39.9％となっていた。「教員の能力格差について」は、「非常に差があると思う」と回答した人が全体の57.6％、「ある程度差があると思う」は39.9％であわせて97.5％という高い割合になった。

父母は教師の熱心さを評価しつつも、高い教育実践能力を求めている。父母自身も競争主義、能力主義の社会の中で生きており、わが子がその中で生き残ることを願い、そのための能力を学校で獲得できるように教師に求めている。父母の多方面にわたる高い要求はとりわけ青年教師にとって大きな圧力となっているであろう。

3. 専門職労働者としての青年教師

　前節では、青年教師が置かれている位置、状況を紹介してきた。青年教師は社会からも、行政からも、職場からも厳しい視線にさらされ続けていることが分かった。その上で、青年教師が専門職労働者として成長していくための課題を示していきたい。

　まず第1に必要なことは基本的労働条件の保障である。教職員の超過勤務問題、多忙化問題は別の章で詳しく述べられているが、青年労働者がその中でも特に長時間労働を強いられている。問題は長時間労働の中身にもある。部活動指導、生徒指導など教科指導以外の業務時間が増大し、教師を疲弊させている。少人数学級のいっそうの推進、定数の抜本的改善や、スクールカウンセラーの配備、部活動の外部指導員の拡充などの条件整備が不可欠である。同時に遅くまで学校に残り仕事をすることを美徳と考えるような誤った考え方を払拭することも必要である。また職員の勤務時間を適正に管理することは校長等の管理職の責任であることも銘記されるべきである。また学校に学力形成だけではなく、生活指導、しつけ、道徳、放課後のスポーツ・文化活動の保障（部活動）など本来、家庭、地域で保障しなければならないことまで求めるという「学校観」そのものの見直しも必要である。現在の学校はもはや限界点を超えているという認識が必要である。

　第2に、青年教師が専門職労働者として成長していくための研修の保障である。教師は「絶えず研究と修養」に励まなければならない（教育基本法9条）。その「研究と修養」は自主研修が基本である。そのために初任者に過度の負担となっている現行の初任者研修制度は抜本的に見直す必要がある。初任者の授業負担を軽減し教材研究の時間を保障すること、夏休みなどに民間団体などが企画した研究会への参加を研修として承認することなど現行制度のもとでも可能なことは多い。

　第3に、教師の力量は自主研修と並んで職場の中で鍛えられていく。職場の中で青年教師を支える体制をつくる必要がある。かつての職場にはその仕組みが見受けられたが、職場の重層構造化、教員評価制度の実施などでその仕組みが機能

しなくなっている。職場の中で教師相互間の孤立化、分断化が進んでいる。孤立化、分断化を進める政策は直ちに中止すべきである。教師は職場の中でもまれ、同僚によって助けられて力量を形成してきたということが日本の学校文化の優れたところであった。日本の学校、教師にゆとりを取り戻し、その優れた文化を復権させることが求められている。

　第4に、青年教師が自らを専門職労働者と自覚し、教師にはどのような権利があるかを理解し、その権利を正当に行使することも必要である。子どもらの基本的人権、学習権を保障する教育実践を進めるためには教師として保障されている諸権利を自らが行使しなければならない。その前提には労働者として認められている諸権利を正当に行使することがある。

　青年教師が、ゆとりある教職生活の中で、教職に対する魅力を失うことなく日々子どもらと向き合う教育実践を行えるようにすることは、青年教師のみならずすべての教師の最高の能力を引き出すことにつながるであろう。このような条件整備は正規採用者だけではなく、さまざまな形態で採用されている臨時教員にも保障されるべきである。

第5章 教師の超過勤務問題

1. 教師の超過勤務の問題

(1) 教師の勤務時間制度

　教師の勤務時間は、労働基準法（以下、労基法）にいう労働時間と同義である。公立学校教師の勤務時間は、その所属する地方公共団体の条例で定められる（地方公務員法〈以下、地公法〉24条6項）。公立小・中学校等の県費負担教職員については、所属は市町村であるが、その給与を負担する都道府県の条例で定められる（地方教育行政の組織及び運営に関する法律〈以下、地教行法〉42条）。地方公務員には労基法が適用されるので（地公法58条3項）、勤務時間は、休憩時間を除き、1週間につき40時間、1日につき8時間を超えない（労基法32条）という範囲内でなければならないとともに、国および他の地方公共団体の職員との間に権衡を失しないように適当な考慮が払われなければならない（地公法24条5項）。公立学校教師の勤務時間は、国家公務員の場合（一般職の職員の勤務時間、休暇等に関する法律〈以下、勤務時間法〉5条1項、6条2項）と同様、休憩時間を除き、1週間につき38時間45分、月曜日から金曜日までの5日間において、1日につき7時間45分を割り振るとされている。勤務時間の割り振りは、個々の教師について、1週間の勤務時間数を具体的に曜日ごとに配分することであり、一般にその内容は労基法、条例等に基づき、①勤務を要する日（勤務日）の特定、②勤務日における勤務時間数の決定、③勤務の終始時刻の決定、④休憩時間の配置、とされている。勤務時間の割り振りの権限は、服務監督権者にあると解されている。都道府県立学校教師については、都道府県教育委員会が、県費負担教職員については服務監督権者である市町村教育委員会（地教行法43条1項）が、それぞれ勤務時間の割り振りの権限を有するが、通常所属職員を直接監督する立場にある校長に割り振りの権限を委任している。

　休憩時間は、労働者が人たるに値する生活を営む権利として、勤務時間の途中

に、心身の疲労を回復するため勤務から解放されることを保障する時間である。休憩時間は、勤務時間に含まれず（労基法32条）、使用者は、労働時間が6時間を超える場合は少なくとも45分、8時間を超える場合は少なくとも1時間の休憩時間を、労働時間の途中に、一斉に与え、自由に利用させなければならない（労基法34条）。ただし、学校では、昼食時でも給食指導、清掃指導、生徒指導、学校事故防止の安全管理等のため、一般に教師が一斉に休憩時間をとることはむずかしいので、交代でとるなどとされている。

休業日は、学校で授業を行わない日のことであり（学校教育法施行規則4条1項）、①国民の祝日に関する法律に規定する日（以下、祝日）、②日曜日・土曜日、③教育委員会が定める日である。③の日を除き、特別に必要がある場合は授業を行うことができる（同法施行規則61条）。教育委員会が定める日とは、夏季、冬季、学年末、農繁期等における休業日のことである（同法施行令29条）。勤務を要しない日とは、週休日、休日のことであり、公立学校教師については条例等で規定されている。週休日は、日曜日・土曜日のことであり、教師には勤務時間が割り振られていない日である。休日は、一般に条例等において、①祝日、②12月29日から翌年の1月3日までの休日（祝日を除く）、③その他教育委員会で定める日とされており、教師には勤務時間が割り振られているが、勤務を要しない日（勤務が免除された日）である。保護者の便宜を図って、学校参観等を週休日、休日に行う場合がある。こうした場合の週休日等の振り替えについては、条例等で定められている。週休日に勤務を命ずる必要がある場合は、勤務日を週休日に変更し、当該勤務日に割り振られた勤務時間を当該勤務を命ずる必要がある日に割り振ることができる。休日に勤務を命ずる場合は、当該休日前に、当該休日に代わる日（代休日）として、当該休日後の勤務日を指定することができる。代休日を指定された教師は、当該代休日には特に勤務を命ぜられるときを除き、勤務時間においても勤務を免除される。

上記のような教師の勤務時間は、守られているかどうかは非常に問題がある。

(2)　教師の時間外勤務の法制と実態

時間外勤務とは、正規の勤務時間を超えて勤務することをいい、本来例外と考えるべきである。労基法が時間外勤務や休日勤務を認めているのは、災害等の事

由によって臨時の必要がある場合、労働者の過半数で組織する労働組合、そのような組合がない場合には労働者の過半数を代表する者との書面協定がある場合のみである（33条、36条）。時間外勤務については、使用者は2割5分以上5割以下の割増賃金を、時間外勤務が1カ月60時間を超えた場合には、その超えた時間外勤務については、5割以上の割増賃金を支払わなければならない（37条）。地方公務員については、これを踏まえて条例で定められている（地公法24条、25条）が、教師については、勤務時間外にわたって生徒指導をしたり、父母の相談にのったり、勤務時間外に研修のために研究会に参加したり、教材研究を家庭で行ったりするなど、その職務と勤務態様に特殊性がある。そのため、教師には一般公務員の制度は適用が除外され、「公立の義務教育諸学校等の教育職員の給与等に関する特別措置法」（以下、給特法）が定められている。すなわち、教師には、月給の4％に相当する額が教職調整額として一律に支給されるが、時間外勤務手当・休日勤務手当は支給されない（2条、3条）。教師を時間外勤務させる場合は、健康と福祉を害することとならないよう勤務の実情について十分な配慮がされ、政令で定める基準に従い条例で定める場合に限られる（6条）。

　そして、「公立の義務教育諸学校等の教育職員を正規の勤務時間を超えて勤務させる場合等の基準を定める政令」によって、教師については、正規の勤務時間の割り振りを適正に行い、原則として時間外勤務は命ぜられない（1号）。なおかつ、時間外勤務が命ぜられる場合は、次に掲げる業務（限定4項目）に従事する場合であって、臨時または緊急のやむを得ない必要があるときに限られる。その4項目は、①校外実習その他生徒の実習に関する業務、②修学旅行その他学校の行事に関する業務、③職員会議に関する業務、④非常災害の場合、児童・生徒の指導に関し緊急の措置を必要とする場合その他やむを得ない場合に必要な業務、に限定されている（2号）。当初の法（国立及び公立の義務教育諸学校等の教育職員の給与等に関する特別措置法）は1971年5月に制定され、同年7月同法に基づく訓令（教育職員に対し時間外勤務を命ずる場合に関する規程）（現在は上記政令）が出され、同月にそれらの施行に当たっての留意事項が文部事務次官通達により通知されている。通達によれば、なお時間外勤務を実施する場合は、長時間の時間外勤務をさせないようにし、やむを得ず長時間の時間外勤務をさせた場合は、適切な配慮をすること、週休日に勤務をさせる必要がある場合は、代

休措置を講じること、時間外勤務を命ずる場合は、関係教師の繁忙の度合い、健康状況等を勘案し、その意向を十分尊重して行うことを留意点としてあげている。また、夏休み等の学校休業期間については教育公務員特例法 19 条・20 条（現在は 21 条・22 条）の規定の趣旨に沿った活用を図るよう留意することとしている。法制上は原則として公立義務教育諸学校等の教師に時間外勤務を命じることはできないので、限定 4 項目以外の時間外勤務は存在しないはずである。しかし、実際には教師が時間外勤務を行っていることは、教育の世界では「常識」であるといってよい[1]。

　教師の時間外勤務の実態は、2006 年に約 40 年ぶりに実施された文部科学省（以下、文科省）の「教員勤務実態調査[2]」や 2012 年の全日本教職員組合（以下、全教）の「勤務実態調査[3]」が明らかにしている。文科省調査では、長期休業期間の 8 月を除外した全教の再集計によると、勤務日の残業が 1 カ月平均 38 時間 50 分、休日の残業が 7 時間 44 分、合計 46 時間 34 分であるが、全教調査と比較する場合、法定勤務時間が全教調査時点で 2006 年と比べ 15 分短縮されていること、未取得の休憩時間を文科省調査では時間外勤務に算入していないことに留意する必要がある。全教調査において、この相違点を文科省調査と同条件にして計算すると、2012 年の教職員の 1 カ月平均の時間外勤務時間（平日分）は 42 時間 56 分、土日の時間外勤務時間は 16 時間 14 分、合計 59 時間 10 分とされている（全教調査では、1 カ月平均の時間外勤務は、平日 56 時間 42 分、土日 16 時間 14 分、合計 72 時間 56 分で、持ち帰り仕事時間は、平日 13 時間 15 分、土日 9 時間 21 分、合計 22 時間 36 分、両者合わせた合計 95 時間 32 分である）[4]。このような教師の時間外勤務の実態は、原則として時間外勤務を命じないとした趣旨は、生かされていないといってよい。このような長時間の時間外勤務にもかかわらず、多くの教師は仕事に「やりがい」を感じている[5]。このことは、教師の時間外勤務の「常識」の一因ともなっている。

　なお、教師には、教職調整額のほかに、特殊な業務に従事する勤務に対して、条例等により、特殊勤務手当の一種である教員特殊業務手当が支給される（地公法 25 条 3 項 4 号）。

2. 教師の超過勤務裁判 ── 公務外処分取消請求事件を中心に ──

　教師の時間外勤務の「常識」は、管理者からいえば時間外勤務を校長が命じないのに、教師が自主的に行っているという「常識」でもある。この「常識」に対して、豊橋市立I中学校事件は一つの問題提起になっているといえる。同事件は、長時間過密の時間外勤務のために高次脳機能障害となったT教諭の公務災害認定申請を、地方公務員災害補償基金（以下、基金）愛知県支部長が認めなかったことに対して、その公務外認定処分の取り消しを請求したものである。

　名古屋地裁判決[6]は、まず、公務該当性の判断基準について、教師の時間外勤務が公務といえるためには、その勤務が教師の職務の範囲に属することを前提に、勤務が校長の指揮命令下の職務の遂行であることが必要であるが、その命令は黙示的なものでも足り、命令権者の事実上の拘束力下に置かれたものと評価できれば公務にあたるというべきであるとする。教師の職務の特殊性から、教師の職務について、給特法が時間外勤務手当等を支給しない代わりに、包括的な評価により教職調整額を支払うとしていることは、教師の職務遂行が、校務分掌等による包括的な職務命令に従い、各教師が自主性、自発性、創造性を発揮して進んで職務遂行するという側面が強いことを意味しているものであり、教師が「勤務時間内に職務を終えられず、やむを得ずその職務を勤務時間外に遂行しなければならなかったときは、勤務時間外に勤務を命ずる旨の個別的な指揮命令がなかったとしても、それが社会通念上必要と認められるものである限り、包括的な職務命令に基づいた勤務時間外の職務遂行と認められ……指揮命令権者の事実上の拘束力下に置かれた公務にあたるというべきであり、それは、準備行為などの職務遂行に必要な付随事務についても同様というべきである」としている。

　判決は、この観点から原告T教諭の多義にわたる職務について検討し、教科指導後の午後6時頃までの陸上部の部活動指導を終えた後、午後8時過ぎまで居残って教材研究や学校事務等の付随事務を遂行しなければならなかった日が相当程度あったとし、これらの職務遂行について校長の包括的な命令があったことは明らかであり、勤務時間後の職務遂行も黙示的な職務命令が及んでいるものと認めている。特別教育活動の一環として位置づけられた学校祭では、T教諭担任の

学級が生徒の意思決定によるお化け屋敷を開催することになり、その設営作業にはT教諭の応援が必要であったことから、学校祭の準備はT教諭の職務の範囲に属するものと認められ、生徒指導部が行う警備における前夜の夜警はT教諭の担当とされており、T教諭が前夜から学校に泊まりこんだのは学校の警備計画に従ったものといえ、T教諭の学校祭の準備および夜警は、教師の職務遂行としてなされ、公務に当たるというべきであり、教材研究等と同様、黙示的な職務命令が及んでいると認められるとしている。

　判決は、T教諭はI中学校赴任と同時に、校務分掌により陸上部顧問に任命されているが、豊橋市教育委員会の部活動指導の手引きおよびI中学校学校経営案によれば、中学校教育の中に特別教育活動として部活動が取り入れられていることから、部活動の指導は、教師の職務の範囲に属し、その指導について校長の明示の職務命令があったことは明らかであるとしている。地域クラブは、2002年4月から学校週休2日制完全実施に伴い、豊橋市では日曜日の部活動が禁止されたため、学校の部活動に代わるものとして発足したものであり、地域クラブの発足はI中学校長の指導に従ってなされ、地域クラブの練習は部活動のない日曜日に行われ、陸上部と地域クラブの所属選手は42名中2名を除き同じであり、地域クラブの指導も陸上部と同様T教諭とO教諭の2人が主となって行われ、練習場も部活動と同じくI中学校の施設を利用して行われており、関係者において部活動と地域クラブの分離が十分意識されていたとは考えられず、そのほかも総合すると、「地域クラブ活動は、少なくとも平成14年度については部活動の延長にほかならないものであり……地域クラブ活動の指導は、部活動指導と同じく公務に該当するものと認めるのが相当である」としている。

　実は、1999年4月T教諭のI中学校赴任時に、豊橋市教育委員会の部活動指導の手引き、I中学校学校経営案に、特別教育活動として部活動が取り入れられていたのは、1989年版中学校学習指導要領が「部活動への参加をもってクラブ活動の一部又は全部の履修に替えることができる」としていたことが、影響して部活動の延長として地域クラブ活動が把握されていたため（2002年4月地域クラブ発足のときの1998年版学習指導要領においてそのような記述がなくなり、クラブ活動も廃止されていたにもかかわらず)、判決は地域クラブ活動指導を公務に該当するとしているわけである。

夏休みの部活動指導（1日練習）については、午前7時20分から午前10時までの朝練の指導、午後4時から午後6時30分までの夕練の準備・指導がT教諭の公務に含まれるだけでなく、午前10時から午後4時まで（1時間の休憩時間を除く）T教諭がO教諭とともに行った陸上部員に対する勉強や水泳指導も、1日の練習が予定された日に位置づき、校長の包括的な職務命令が及んでいると認められ、T教諭の公務に含まれるとしている。そして判決は、T教諭の部活動指導、数学教科指導および教科指導以外の公務（学級担任、進路指導主事、生徒指導主事、安全教育主任、防火・施設担当、交通指導担当、営繕担当、TTの相教師の指導等）の量的だけでなく質的な過重性を指摘し、特に学校祭におけるユニホック競技の模範試合による肉体的負荷が本件脳出血発症の引き金になったと推認している。さらにT教諭の健康状況（基礎疾患）、もやもや病の病態、脳出血の発症機序等について詳細に検討したうえで、T教諭の脳出血発症前6カ月のうち、1カ月の時間外労働時間が100時間を超える月が2カ月（80時間を超える月は3カ月）続き、「公務の量的過重性が明らかに認められるだけでなく」「公務の質的過重性という面からもその肉体的・精神的負荷は相当に重いものがあったと認められ」、T教諭の公務と本件脳出血の関連性は、非常に強いものが認められるとしている。そして被告審査会および被告の愛知県支部審査会の本件脳出血の公務起因性否定の判断を検討し、その判断を否認し、被告が「公務外の災害と認定した本件処分は違法であり、取消しを免れない」と結論している。

　判決は、給特法のもとで、教師が時間外勤務をすることは仕方のないことであるという「常識」に対して、問題をなげかけたものと受けとめ、むしろ時間外勤務をなくすよう考えるるべきであろう。

　基金（被告）は、判決を不服として控訴したが、名古屋高裁判決[7]は、控訴を棄却している。ただし、地域クラブの指導について、高裁判決は、地域クラブの運営主体、金銭面での独立性等から、その指導については、地裁判決と違い、公務と認めていない。しかし、「その実態からすれば、長時間にわたって解放された時間を過ごしていたとは認め難い」とし、基金が「公務から解放されていたから、疲労が蓄積していたことはない」という指摘は採用できないとしている。最高裁に対する基金の2012年12月28日「上告受理申立理由書」は、2審では、地域クラブを公務外としたため時間外労働時間は大幅に減少し、その上「労働時

間以外の負荷要因」もなかったので、T教諭の脳出血は公務に起因するものではなかったことになるとする（基金の同日「上告理由書」も同趣旨）。T教諭弁護団の2013年5月16日「準備書面（上告受理申立理由書に対する反論）」は、高裁判決は実態を実質的に判断したものであり、すなわち、地域クラブの指導をしたT教諭の「精神的・肉体的負担は、部活動指導のときと比較して、なんら変わるものでないことの実情を踏まえて、公務過重性を判断したものであって」、基金の批判は当たらないとし、過重な公務に加え、部活動指導と実態の変わらない地域クラブの指導をした結果、「過重な負担を負って本件発症に至ったことは明らかであ」るとしている（T教諭弁護団の同日「準備書面（上告理由に対する反論）」も同趣旨）[8]。

　基金の申立理由書が、最高裁平成23年7月12日判決は損害賠償請求事件において「包括的な職務命令」の概念を否定していると主張していることに関わって、弁護団の反論は、県立高校教諭が土曜日（週休日）に、民間会社の模擬試験監督のために学校への途上において交通事故にあった事案をとりあげ、最高裁平成25年1月17日決定が、「監督業務は任命権者の支配管理下にある業務であるとして公務遂行性を認め、当該事故は公務災害であると判断した」高裁判決を認めたこと、すなわち、「決定は、給特法上の時間外勤務に該当しない場合であっても、公務災害における公務遂行性を認めた」ことを強調していることは、注目される。損害賠償請求事件における公務と公務災害不認定取消請求事件における公務とは、区別されることになるわけである。

3. 専門職労働者としての教師と超過勤務

（1）子どもの学習権保障と専門職労働者としての教師

　子どもの学習権は、憲法26条に基づく権利である。憲法26条は、「憲法25条をうけて、いわゆる生存権的基本権のいわば文化的側面として、国民一人一人にひとしく教育を受ける権利を保障」したものであり、「とくに子どもについて教育を受ける権利を保障したもの」であり、その教育は子どもの学習権を保障するものでなければならない[9]。その具体化は、真理・真実に基づき、子どもの発達の法則を踏まえ、全面的発達をめざす教育の本質を実現することが不可欠で

ある。内容的には憲法上の基本的人権、すなわち13条の幸福追求権、19条の思想・良心の自由、20条の信教の自由、21条の表現の自由、23条の学問の自由、25条の健康で文化的な生活の権利、27条の労働権等の保障をめざし、子どもの権利条約では、28条の教育への権利保障のために、6条の生命・生存・発達への権利、12条の意見表明権、13条の表現・情報の自由、14条の思想・良心・宗教の自由、15条の結社・集会の自由、16条のプライバシィ・通信・名誉の保護、17条の適切な情報へのアクセス等の保障をめざすことになる。

　教師がこうした教育を実現するためには、自らも専門職労働者として憲法上の基本的人権の保障が不可欠であるというべきである。すなわち、専門職として、憲法23条、26条、13条等に基づく教育権の保障が必要であり、労働者として、憲法25条の生存権保障を前提に、27条の労働権、28条の労働基本権の保障が必要であり、とくに、勤務時間との関係では、教師が時間外勤務をしなくても、正規の勤務時間内で職務を終えることができることが必要である。教師は、こうした権利の保障のもとでこそ、子どもの学習権の保障もより確かなものになるといえよう。

　教師の超過勤務は、2006年の「教員勤務実態調査」で明らかになり、2012年の全教の調査では、よりひどくなっていることが明らかになっている。両調査によると、部活動指導が教師の超過勤務において大きな位置をしめている。愛知県教職員労働組合協議会は、部活動について、「部活動指導時間は、すべて勤務時間の割り振り対象とする」「勤務時間内に終了し、学校における同じ社会体育との延長申請はみとめず、子どもたちの家庭生活を大事にする」「教職員と教職員の社会体育指導員の兼務は原則としてできないルールを作る」「小学校部活廃止」「朝部活の廃止」などを提案している[10]。

　文部科学省において教職調整額の見直しを検討するため2008年4月設置された「学校の組織運営の在り方を踏まえた教職調整額の見直し等に関する検討会議」の同年9月「審議のまとめ」は、教員が勤務時間内でのすべての業務処理が現実的には非常に困難になってしまっていることを指摘する。随所で教職調整額のしくみが機能しなくなっているとしつつ、「まずは、学校業務の効率化やスクラップ・アンド・ビルド、学校事務の共同実施、ICTの活用や事務機器の整備・更新、部活動指導、生徒指導、給食指導、学校徴収金などに係る専門的・支援的

な職員の配置、外部人材の積極的な活用などにより、教員が担う授業以外の業務を縮減することが必要であると考える。また、学校が抱える課題に対応する適正な教職員数の確保が必要である」とし、こうして通常の学校業務は勤務時間内で処理できるようにし、時間外勤務は、学校として臨時に必要な業務の処理に限るようにすることが必要であるとしている。中学校などの教員の勤務時間の縮減、負担の軽減のためには、部活動指導の在り方を見直していくことが不可避であり、「部活動指導について教員以外の専門的な指導者の活用を促進するとともに、部活動による時間外勤務が可能な限り生じることがないように、校長が適切に管理・監督するよう指導を行うことが必要であると考え」ている。

まず部活動指導は、勤務時間内に終えるべきである。2008年版学習指導要領が、部活動を「学校教育の一環」と明示したことは、部活動指導は勤務時間内で行われるべきものと位置づけたと解すべきである。とくに体育系部活動指導は、学校事故のことも考えて、専門的指導者（該当する教員がいない場合は教員以外の指導者）に委ねるべきである。そして勤務時間後は、完全に学校と分離した社会体育に移すべきである。校長は、管理者として教師が部活動指導も含め超過勤務をしないように、超過勤務をしていたらすぐに中止するように注意すべきである。

最近は夏休み等の休業期間も、多くの教師は学校に出勤し、ときに時間外勤務に至ることも当然（「常識」）のようになっているが、研修は専門職として教師の権利であると同時に義務でもある（教育公務員特例法21条・22条）ので、校長はむしろ夏休み等の休業期間を活用した学外研修を積極的に認め、さらには奨励すべきであろう。

（2）給特法改正の課題

すでに給特法制定当時、同法は教師の時間外勤務を無定量に拡大させる懸念があるとし、教師の労働者性を形骸化させるものである、という批判があった。2006年の「教員勤務実態調査」で教師の超過勤務が明らかになり、前述のように「審議のまとめ」が改革の提案をしているが、まだ実現にはいたっていない。全教の調査は、給特法のしくみが機能していないことをよりいっそう明らかにしたといえる。全教中央執行委員会は、労働基準法37条（時間外、休日及び深夜

の割増賃金の規定）の適用を除外している給特法は抜本的に見直すべき時期にきているとして、常任弁護団の提言を踏まえて、次の6点を給特法改正にむけた具体的要求事項として提案している[11]。

① 法律の名称を「教育職員の労働時間の適正な管理と給与等に関する法律」に改正すること。

② 超過勤務禁止規定（6条1項）は、そのまま残すこと（例外規定は、「限定4項目」に限定し、拡大しないこと）。

③ 法律で、管理者に教育職員の労働時間を管理する義務があることを明記すること。

④ 法律および条例で、限定4項目の場合も含め、「教育職員の労働時間は、1週○○時間を超えてはならない」等の規定を設けること。

⑤ 実労働時間が法定労働時間（週38時間45分）を超えた場合には、労働基準法37条に準じて計算した賃金を支払う旨の規定を設けること。

⑥ 勤務時間の内外を問わず包括的に評価した処遇として支給されている教職調整額については、現実に勤務した時間に対する事後的な精算という性格の賃金の一部支給と見て、これを超える時間外労働があった場合には精算すること。

⑥の事後精算の仕方の参考として、民間企業で「管理職手当」を超える時間外労働の場合、実労働時間で計算した時間外手当と「管理職手当」との差額を支払わせる取り扱いの方法をあげている。そのほか、教職員定数増、業務の見直し・精選の必要を指摘している。教師の超過勤務の実態からは、給特法の改正は大きな課題の一つであるといえる。以上の全教の提案は、給特法改正案の一つを示すものである。さらには、教職調整額を事実上の本給と考え、時間外手当は別途精算するという弁護団提示の別の方向も、今後の検討課題である。

注
1) 拙稿「教員の時間外勤務の『常識』を問う」『教育自治研究』第25号、東海教育自治研究会、2012年、1-9頁参照。
2) 東京大学『平成18年度文部科学省委託調査　教員勤務実態調査（小・中学校）報告書』2007年3月。

3) 全日本教職員組合（全教）『「勤務実態調査2012」のまとめ（最終報告）』2013年。
4) 同前、12、17、120頁。
5) 中田靖彦「問われている教職員の長時間労働」全教、前掲書、30-33頁。
6) 平成23年6月29日、愛知県教職員労働組合協議会「鳥居先生の公務災害認定を求める訴訟　2011年6月29日名古屋地裁判決主文『基金の労災不認定を取り消す』」。
7) 平成24年10月26日判決「正本」写し。
8) 拙稿「鳥居裁判高裁判決に関する — 考察 — 上告理由等と弁護団の反論 —」『教育自治研究』第26号、東海教育自治研究会、2013年、1-9頁参照。
9) 第2次家永教科書裁判東京地裁昭和45年7月17日判決（杉本判決）判例時報604号35頁。
10) 内田保「学校部活動の今後教職員の働き方と学校部活動」教育研究全国集会2013年8月18日「みんなで21世紀の未来をひらくつどい第28分科会今日の教育改革 — その焦点と課題」。
11) 全教中央執行委員会「給特法改正をめざす運動をすすめよう（討議資料） — 教職員の恒常的な長時間過密労働を是正させるために —」全教、前掲書、151-154頁。

第Ⅲ部　教育行政・経営と教職員

第1章 教育条件整備と事務職員

1. 学校における事務職員の位置

　2006年の教育基本法改正以降の文部行政と教育政策の変化は、学校教育現場を大きく変容させてきており、各種の教育改革推進事業では「戦略的…」と、接頭語が多用されるなど教育にも「競争と淘汰」の論理が持ち込まれてきている。学校現場にあっては、学校事務の「共同実施」による事務職員の実質削減をはじめ、教育に直接かかわらない用務員、調理員・栄養士等の学校教育法37条2項職員について、国庫負担適用除外を図ろうとする動きや地方交付金削減のなかで市町村費負担学校事務職員の学校現場から引き揚げがおこなわれてきている。

　教育における「競争と淘汰」の論理浸透は、大学にあっても例外ではなく、この間国公立大学が法人化され、大学事務もまた「標準化」「効率化」「共同化」の対象とされてきた。

　私立大学法人にあっても専任職員の「非常勤職員」化、「派遣職員」の配置や業務の一部の「外部委託」化などにより、専任事務職員の削減が進行している。

　一方、行政の教育現場への指導権限の増大により、各種業務報告や「外部評価」等新たに持ち込まれ、「学校事務」量は増大しつつあるにもかかわらず、その業務を担うべき事務職員の実質削減で、「（学校の）事務に従事」（学教法37条14項）専念できない状況や学校運営からも疎外された状況が生じてきている。

　学校事務の主要な部分は、依然と教頭・教諭（各種主任など）によって担当されており、新たな業務は教師労働をいっそう多忙なものとしてきている。

　こうした状況を踏まえ、あらためて問いなおされる「学校事務職員の存在意義とその専門職者性」について、「教職員協力共同による学校づくり」の視点で考察したい。

2. 教師と事務職員との協力・共同

　学校教育は、言うまでもなく学校内外のさまざまな職種の職員構成によりなりたっている。
　学校は、校長・教頭・教諭・養護教諭・事務職員・栄養教諭・学校栄養職員・技術職員・学校用務員・寄宿舎指導員（以上、学教法28条・37条職員）で構成され、養護職員・スクールカウンセラー・司書・調理員・警備員・学童擁護員等（学教法28条・37条外職員：「その他の職員」）とともに、学校医・学校歯科医・学校薬剤師（学保健法）や放課後児童クラブ：学童保育所職員をも含めた学校内外の「学校教育を支える教職員集団」によって成り立つ。
　こうした学校を支え構成し、子どもの生活権・学習権・発達権を支える「各職種は、その身分と職務において互いに尊重され、その専門的立場からの発言は自由に認められなければならない」（ILO・ユネスコ「教員の地位に関する勧告」78項の筆者の理解）とされる。そして、それぞれの職種の専門的役割が、組織的に有機的に機能してこそ、はじめて質の高い学校教育が実現すると考える。
　つまり、学校教育は一人の校長のみで成り立つものでなく、また教員のみでもない。保護者・地域住民の信託に応える教職員の「分業と協業」によって成り立っているのであり、その教職員のおりなす関係は「子どもにとって民主主義の温床としての教育環境」となることが求められ、「地域に開かれた学校づくり」を推進し、学校運営に保護者・住民の積極的参加を推進するうえからも、事務職員はじめ「その他」の職員との教職員関係は対等平等な関係がもとめられる。

(1)「教育」と学校事務職員

　学校事務職員職務は、学校教育とのかかわりなしで職員たりえない。
　では、「教育とは何か」、その基本的精神についてあらためて確認したい。
　文部科学省ホームページ「教育基本法資料室へようこそ！」では、日本国憲法「前文」とともに教育にとって踏まえておくべき条文として、「第13条幸福追求の自由、第14条法の下での平等、第19条思想信条の自由、第20条信教の自由と政教分離、第23条学問の自由、第26条教育の機会均等と義務教育の無償、第

29条公的財産の公の支配に属さない事業利用の禁止」を抜粋し、各条文を挙げている。これに加えて、11条の基本的人権の保障や、21条1項の「集会、結社及び言論、出版その他一切の表現の自由」、同条2項の検閲の禁止、通信の機密等も重要な定めであり、教育の基本的定めとなると考える。

この最高法規で定める権利・義務やその基本精神については、学校教育において具現化し、体現化することでなければならない。

当然ながら、2006年の旧教育基本法10条の改定後も、依拠すべきは最高法規たる憲法が定める国民と行政や教育と教育行政の関係、それぞれの役割であると考える。

文部科学省（「新しい教育基本法について」パンフレット6ページ中段）の趣旨説明においても、「教育が不当な支配に服してはならないことを引き続き規定するとともに、新たに、教育が法律の定めるところにより行われるべきことを規定しました。また、教育行政について、公正かつ適正に行われなければならないこと、国と地方公共団体のそれぞれの役割分担と責任及び財政上の措置についても新たに規定しました」としている。

同改定理由の説明によれば、新たに「国及び地方公共団体の教育条件整備義務を積極的に具体化し定められたもの」とされている。

旧法10条のように、教育行政（国および地方公共団体）の任務が「教育の目的を遂行するに必要な諸条件の整備確立」にあることを明文化して定めてないものの「教育の直接責任」の根拠としてきた定めについては、「教育が不当な支配に服してはならない旨を旧法第10条に引き続き規定」したとしており、その根拠を失うものでないと理解したい。

このことは、旧法10条改正後も憲法の定める基本原理とともに、行政との関係において「教育の自治」「学校の自治」の根拠となるものであって、学校教育法37条の定める教育の教職員協力・共同の根拠、事務職員を含めた教職員の教育に関する共通の立脚点ともなると考えたい。また、「学校の自治」の構成主体でありつつ、教育行財政の現場実務担当者でもある学校事務職員の職務根拠をもとめたい。

教育への「不当支配廃除」の立場に立つ教職員集団の一員としての教育実践者である立場と、学校現場にあって「教育行政の目的」である教育に必要な「教育

条件整備」を教育現場で具現化する立場という、2つの併せ持つ側面を持っていると解する。

　つまり、事務職員は、学校現場の日々の教育活動・教育内容にも係わりつつも、子どもの学習権・発達権保障の立場から他の教職員とともに、「物的・財政的措置」を講ずるなど適切な教育条件整備を行う労働がその内容である。

　したがって、教育の直接責任を有する教師教育労働とは相対的に独自な労働内容なのである。

　教育の「内外区分論」でいう、教師労働が教育の〈内的事項〉の担当者とすれば、〈外的事項〉の学校現場での担当者と見ることができる。

（2） 2つの学校事務職員観

　こうした学校事務職員の労働を「教育」と「条件整備」の2側面から位置づけ「教育条件整備労働者」と規定することについて、別々の学校事務職員観から否定的または消極的な見方がある。

　一つは、事務労働と教師教育労働を同一視した「教育労働者」観である。学校事務職員の任務を「教育条件の整備」に位置づけるについては、「学校事務職員＝行政職員観は、一般行政職と任用一本化政策動向に与するものになるのではないか」とか、「教職員協力・協働の"学校づくり"＝『教育労働者』内部に峻別論を持ち込むもの」「教育委員会職員と類似した仕事に従事していることをもって、学校事務のもつ教育性を否定するもの」などと、危惧する意見が運動内部に根強くあり、教職員集団「学校の自治」の中に学校事務職員の「相対的独自な任務」を明らかにすることについて消極的見方がある。

　確かに、最近の教職員関係が協力・共同しにくい分断的状況や、「行政職」性を強調したもう一つの学校事務職員観が支配的となってきていることから、わからないでもない。

　それは、「経営主義的管理論」（「学校経営近代化論」伊藤和衛等）や「大学行政管理学会[1]」などの「教授会の自治」に対峙する事務職員内部からの大学職員論の登場など、学校事務労働の持つ「教育性」よりも「作業効率向上」と「教職員労務管理」マネージャーに専門性を見いだそうとする「経営主義的管理職論」である。昨今の各種「事務職員研修テキスト[2,3,4,5]」などは、こうした論理で

構成される「自己啓発」なるものとなっている。
　こうした学校事務職員論の現状からすれば、「子どものための学校事務」創造を教師労働と同質の労働とし、「学校の自治」「学問の自由」「教育の自由」を学校事務労働に求めることには、本質的には間違いではいない。
　だからといって、学校現場における事務職員の固有の役割として、教員と異なる「専門性」を求めることに消極的であってはならない。
　「教育の論理」から導き出し、学校事務労働が教師教育労働とともに学校教育において「共同」労働として位置づく職務であることを証明する必要がある。
　なぜならば、事務職員ならではの専門性が発揮された「こどものための学校づくり」の実践が数多くあるにもかかわらず、それを教師教育労働とは相対的独自性を持つ「専門職に準ずる労働」として理論的に整理をすることが不十分であったことから一般行政職と同一視されたり、「学校経営の近代化」の一般労働者並みの「作業効率向上」の対象とされたり、挙句は事務職員が株式会社の「派遣社員」に置き換えられたりしたと考える。

3. 事務職員の課題

（1）　学校事務職員の職務現状

　同じ学校教育法上の定めを持つ大学にあっては、「大学設置基準」の9章「事務組織等」において「第41条事務組織」や「第42条厚生補導の組織」として、事務職員の複数配置を前提とした定めがある。
　大学における事務労働分野は、「学修支援」「学生生活支援」「就職支援」等の教育的分野に及び専門職的事務労働として展開され、自律的に教育・研究を支える条件整備労働が組織的に行われている。また、小・中学校で主とする業務である庶務・会計事務にとどまらず、教員組織（教授会・各種委員会）と協働する課を構成し、学生の「学修権」・「生活権」を擁護しながら、教育や研究を支える条件整備労働がおこなわれている。したがって、大学における事務職員は、「教育・研究の自由」と「大学の自治」を支える主要な構成員とされ、教育・研究の直接的担い手としての役割を持つものではないが、教職員集団の一員として深く教育・研究の充実発展に関与している。

（2） 教師教育労働との相違

　このことからすれば、小・中学校における事務職員も本来的に大学と同様必置で複数配置されるべきで、その労働は就学支援を含む教育条件整備労働であり、大学における事務職員労働と本質において異なりはない。

　小・中学校教員の教師教育労働もまた、学校事務職員労働と異なる。

　子ども一人ひとりの学習権・発達権に直接責任をもつ教師教育労働は、教育内容・教育方法において科学的でなければならず、「労働内容において、雇用被雇用関係にともなう従属になじまず」「権力支配から自律した」「専門職であると同時に労働者」（勝野尚行『教育専門職の理論』）なのである。

　つまり、この教育専門職たる教師教育労働と学校における事務労働とは、その職務と専門性が異なるばかりでなく、その労働内容（「教育と研究」）においても、その労働形態においても異なる。

　確かに、国民の教育権要求には教育内容ばかりでなく教育条件要求をも含み、国民の教育権付託は独り教員のみに対してではなく学校（教職員）全体に付託されたものと理解すべきであるが、このことをもって教職員全体を「教育労働者」とすることや、教職員が協力・協働し、子どもの学習権・発達権保障に共通の理解と認識し、共同する必要性をもって、単純に「教育労働者」とすることは適当ではない。

　学校事務職員と教師とのそれぞれの役割は、大学における教職員関係と同様、相対的に区分されなければならない。

　教育労働と教育条件整備労働という労働形態の相違を確認し、相対的に独自に取り組むべき課題を明らかにすることは、けっして「教育労働内部に峻別論をもちこむもの」ではない。むしろ高い次元での教職員団結と「子どものための学校づくり」創造にとって重要なことなのである。

　事務職員が学校現場で、教員の日々の教育実践に対応し、絶えずその条件整備をすることや子どもの生活権・学習権・発達権にかかわる条件を日々整備することは、まさに学校教育労働における分化・分業として、相対的独自な役割として期待されているし、学校の持つ教育力・教職員の組織的教育力量をさらに引き上げるために必要なことである。

　そして、教育条件整備という教育の《外的事項》のもつ積極的教育機能を、一

つひとつの学校事務実践を通じ明らかにしていく必要があると考える。

学校事務に忙殺され教育実践に専念できない教師教育労働実態から、学校事務を学校事務職員固有の業務として手放させ、教員が教育実践に専念できる条件をつくりあげることこそ、今日の学校教育に求められる。

ここに、学教法37条3項「置かないことができる」の削除要求の教育的積極的根拠がある。

学校事務職員が学校の管理運営から疎外され、教職員団結からも疎外されるという教職員分断の現実問題は、「子どものための学校づくり」と対峙すべき関係として、とらえる必要がある。

（3） 学校事務職員の職務

文部科学省の「学校事務職員の職務内容等について」の説明によれば、「学校の運営全般にわたる諸種の事務に従事するものである。その職務を一義的に規定することは困難であるが、具体的内容を例示すれば次のようなものが考えられる」。すなわち、「庶務関係・人事関係・会計関係・教務関係」であるとしている。

具体的には、学校における事務分掌は、配属されている事務職員個人の力量や経験年数、配置状況やその他の教職員関係などによって異なり、大まかな標準的なものはあるものの必ずしも一定していない。

以下は、「全国事務職員制度研究会」の教研集会で発表されてきた実践的教訓をまとめ、その職務（「専門職者性」：「教育者性」）を整理したものである。

① 会計・経理での実践

会計・経理事務は、小・中学校事務職員にとって主要な職務の一つである。学校におけるほとんどの教育活動は、財政措置を伴う。

教職員合意の予算づくりをめざし、学内に「予算委員会」を設置させて「『子どものみえる』学校予算づくり」に取り組むなど、学校予算に地域保護者や全教職員の要求が反映されるように努力している学校事務職員の実践例がいくつかある。

大学では、予算委員会を置き教授会や学生自治会と事務局で議し、予算づくり

をしている例は珍しくない。

　予算編成およびその執行は、教育活動と密接な関係にあり、教育活動の反映であることから、「予算を語ることは、教育を語ること」であり、予算編成は「学校づくり」そのものである。

　したがって、学校を構成するすべての構成員や保護者・子どもや地域住民の意見（条件整備ニーズ）を十分把握した予算編成が望まれる。

②　施設整備での実践

　校内に「施設委員会」をつくり、子どもをはじめ保護者等からの施設要求を受け止め、地域在住のプロ（大工等建設業従事者）等の意見をも参考にして、校庭整備を実現した実践や「子どもの目の高さで校舎（施設設備）をみる」実践などがある。

　学校施設設備は、「子どもの生活・学習条件」であると同時に教師の教育条件であり、「教育環境」でもある。

　施設設備を適切に維持管理し整備していくためには、教職員の意見を反映させると同時に自らも施設設備に対する要求を具現化する専門的諸知識が必要となってくる。

③　父母負担軽減の実践

　「義務教育の無償」（憲法26条）をめざして、教育費やその他の私費負担を軽減することは、予算事務担当者の教育条件整備の当然の課題となる。しかし、画一的で制約的予算配分のなかで、適切な条件整備をするには予算上の限界がともなう。こうしたことから安易にPTAなどに依拠したり、「私費負担」（学校徴収金）に負う実態がある。

　義務教育費のうち、学校が徴収している「私費負担費」には次の通りの項目がある。

　私費負担（公費負担対象外）：学用品費、体育実技用具費、新入生児童生徒学用品費、通学用品費、修学旅行費、校外活動費、クラブ活動費、生徒会費、PTA会費、医療費、学校給食費等。

　ある事務職員団体では、「標準運営費問題」の取り組みを通じ「公費負担」の

増額とともに、「私費負担」の軽減のための努力がされている。

現状では「給食費」をはじめこれらの「学校徴収金」があり、義務教育就学年齢保護者の教育費負担は、「義務教育の無償」とは程遠い実態にある。

特に2006年からの義務教育費国庫負担率の2分の1から3分の1への変更は、自治体・学校間格差を生む原因となり、日常就学上必要とする学用品等の負担を加えると多額な保護者負担となってきている。

こうした義務教育における「私費負担」を軽減する事務職員の取り組みとして、学校間で物品の「共同購入」することや、「教材選定」等を工夫し、負担軽減をはかっている実践例がある。

また、「『子どもの生活をまるごとつかむ』実践と就学援助拡大の実践」や「義務教育費の無償化推進と就学援助の普及・拡大」への取り組みとともに学区単位での「体育用品（体操着・水着・赤白帽等）や学用品（ランドセル・画板・習字道具・裁縫セット・ピアニカ等）の下級生への使いまわし斡旋」の実践例など、保護者負担軽減のための数々の学校事務実践が学校現場で行われている。

育児放棄・体罰・餓死・不登校問題など、数値的にも過去最大の「子どもの貧困」として進行している今日、保護者負担軽減と「就学援助」の問題は、①子どもへの教育的配慮、②教職員集団との連携、③地域保護者住民（児童相談所・民生委員など含む）との連携、④学校医や地域小児科医・歯科医との連携、⑤学校教育諸制度に関する正しい理解と啓蒙などとともに、学校事務職員としての専門的知識を生かした速やかな対応と行動が求められる。

「生活保護受給者数[6]」がここ約10年間で2倍となり、それをはるか上回る比率で「児童相談所での児童虐待相談対応件数[7]」が10倍を超える数値となっている。この「生活保護者」増加動向の5倍近い進度で「児童虐待」の数が伸びていることは、「貧困と虐待」の両者が強い相関関係をもっていることを裏付けている。

2013年に行われた「全国学校事務職員制度研究会」の教研集会でも、「学校徴収金」を払えない家庭の増加報告、「給食袋」未提出を苦にし「不登校」となった児童の救済事例等、深刻な「子どもの貧困」問題に立ち向かう数多くの実践報告がされている。

こうした事態への対応は、生活保護法と「就学援助制度[8]」の正しい理解を必

要とし、学校事務職員に求められる専門的知識の一つとなっている。

　大学にあっても例外ではない。授業料未納による退学・除籍者が急増していると同時に、奨学金返済債務問題も生じてきている。こうした事態は、OECD加盟国全34カ国のうち、大学授業料が有料でかつ給付型奨学金制度がないわが国の社会問題ともなっている。こうしたなか、学生の「就学権」擁護の姿勢で「学生相談」に応じ、学生課職員が専門的知識と情報を駆使し、退学・除籍を回避させ、授業料を減免させた大学事務職員の実践例もある。

④　地域との連携の実践

　"子どもは地域に生まれ地域で育つ"「地域ぐるみの子育て」、教職員集団の一員として積極的に地域活動に参加し、生活のなかから子どもを丸ごとつかむ能力（教育者性）を事務職員としても身につける必要がある。こうした、子どもとのふれあいを通じて、教育的見識を深めると同時に自らの専門性を発揮して地域の教育要求の組織化をはかり、「地域に開かれた学校づくり」を進めることとなる。

　太鼓サークルやボランティア活動等地域の教育的・文化的活動を自ら組織し、「保護者・住民・子ども」と一体となった実践も数多くある。

　学校教職員の一員として、地域の幼稚園・保育所との連携とともに、放課後児童クラブ、「保育・子育てサポートセンター」等地域組織との連携実践は、「地域に根差し学校づくり」として、意識的に取り組まれる必要がある。

　ある団体などでは、保護者・住民アンケートなどをもとに保護者負担の軽減などを含めた、教育条件改善運動を進めている実践例がある。

　また、事務室便りを発行し、教職員の絆とするにとどまらず学内情報を地域に発信する実践も取り組まれており、こうした実践は「開かれた学校づくり」実践であり、地域における学校事務職員の存在意義確認でもある。

（4）　学校事務職員固有の課題 ― 専門性 ―

　事務職員に求められる専門的スキルについては、各種研修の中では学校事務の「専門性」追求の課題性は説かれているものの、その実となる「知識・技術・技能」の専門性内容については、十分考察されてこなかった。

　そこで、これまで触れた実践的教訓から学校事務職員として求められる専門的

能力について、次の通り整理を試みた。

　学校事務職員の専門的「知識・技術・技能」（研修課題）
　　イ）教育理解：教育制度、教育目標、教育課程・子どもの発達・保健衛生・特別教育支援の基本的理解
　　ロ）教職員・保護者・子どもとの連携能力、コミュニケーション能力
　　ハ）教育関係法規理解
　　ニ）学校会計事務処理能力
　　ホ）情報処理機器・ICT運用能力
　　ヘ）人事関係事務処理能力
　　ト）その他総務事務能力：公文書作成、学籍・転出入、教科書、給食等

　以上が、学校事務職員として求められる専門的「知識・技術・技能」の内容と考える。こうした能力に加え、今日では「就学援助制度（学校教育法19条、生活保護法6条2項）」理解および児童養護（児童福祉・障害児含む）理解に基づく対応能力が、特に求められてきている。

（5）学校事務の課題 ―― 専門職者性追求と協働 ――

　学校づくりの管理・運営に学校事務職員として参加するは当然のこととして、条件整備労働を通じて教育の担い手足りうる「専門職者性」（準専門職性と同義）を追及する必要がある。すなわち、専門職たる教師教育労働に準じた「準専門職者」として学校事務労働を確認する必要がある。

　この教育条件整備労働者としての専門性追及の課題は、教師教育労働者のごとく本人の普段の自律的学習と共に「研修権・学ぶ機会の保障」なしに磨かれない。学校教育全体の教育力を向上させるためには、教員と同様事務職員に対しても各種研修会への派遣をはじめ、研修参加にとどまらない職場内研修や自主学習会参加までの系統的支援・援助を必要とする。

　こうして作られる高い専門性を持った準専門職労働者たる学校事務職員の教育条件整備労働をもって、より豊かな「子どものための学校づくり」が実現できると考える。

注
1) 大学行政管理学会:「今日の大学という組織の運営を司る『行政・管理』の領域にあっては、『教授会自治』さらにいえば『教員自治』の伝統的大学運営をいかに『近代化』できるか、つまり『行政・管理機能』のプロフェッショナル化が強く要請されているところであります」(設立趣旨より抜粋)。
2) 文部科学省「学校組織マネジメント研修テキスト」すべての事務職員のために 平成17年。
3) 国民教育文化総合研究所研究委員会報告書「これからの学校事務・事務職員の在り方」研究委員会報告書2008年6月30日。
4) 千葉県教育センター「事務研修のあり方について (中間まとめ)」平成23年11月。
5) 奈良県立教育研究所:学校事務職員の資質向上 — 研修の在り方 —。
6) 「生活保護者数の推移」平成24年度版『厚生労働白書』。
7) 厚生労働省「児童相談所での児童虐待相談対応件数」平成24年7月。
8) 学校教育法19条:「…児童生徒の保護者に対しては、市町村は、必要な援助を与えなければならない。」

第2章 教育課程行政・経営と教師
― 教育振興基本計画と目標管理の問題 ―

1. 教育課程行政と教師をめぐる問題

(1) 教科書と教師

　日本の小学校、中学校、高校の授業の多くは教科書をもとに授業が進められている。教師の教材研究の多くは教科書研究に割かれているといってもよい。どの会社のどの教科書を使用するかは教師が授業を進めるに当たって大きな影響を及ぼすものである。教科書とは「教育課程の構成に応じて組織配列された教科の主たる教材として、教授の用に供せられる児童又は生徒用図書であって、文部科学大臣の検定を経たもの又は文部科学省が著作の名義を有するもの」とされている（教科書の発行に関する臨時措置法2条1項）。そして学教法34条1項で「小学校においては、文部科学大臣の検定を経た教科用図書又は文部科学省が著作の名義を有する教科用図書を使用しなければならない」（中学校、高校、中等教育学校にも準用）と教科書の「使用義務」が課されている。

　それでは各学校、各教師が使用する教科書はどのように選ばれているのだろうか。地方教育行政の組織及び運営に関する法律は教育委員会の職務権限として「教科書その他の教材の取扱に関すること」（23条6号）を規定しており、行政解釈ではこの条文から教育委員会に教科書採択権があるとしている。しかし義務教育諸学校の教科用図書の無償措置に関する法律は、都道府県教育委員会は教科用図書採択地区を設け、採択地区ごとに一種の教科書を採択するよう規定している（12条、13条）。したがって現行法律上、教師が教科書採択に関与するルートは規定されておらず、小・中学校では教科書は実際に使用する教師の意見はほとんど反映されないまま採択され、教師にその使用が強制されているといってよい。

　教科書に関しては採択をめぐる問題だけではなく、教科書検定の在り方も古くから問題となっている。その代表的なものが家永教科書検定訴訟であるが、最近では教科書検定基準をめぐる問題も起きている。2014年1月17日、文科省は

「義務教育諸学校教科用図書検定基準及び高等学校教科用図書検定基準の一部を改正する告示」を行った。そこでは社会科の検定基準として「近現代の歴史的事象のうち、通説的な見解がない数字などの事項について記述する場合には、通説的な見解がないことが明示されているとともに、児童又は生徒が誤解するおそれのある表現がないこと」「閣議決定その他の方法により示された政府の統一的な見解又は最高裁判所の判例が存在する場合には、それらに基づいた記述がなされていること」が追加された。この改正は日本と近隣アジア諸国との関係について国際理解と国際協調を深める立場で書くことを求める「近隣諸国条項」を骨抜きにするものであり、教科書を政府の見解を子どもたちに浸透させる道具にし、事実上の「国定教科書」づくりをめざすものだとの批判が加えられている。

さらに文科省は2014年1月28日、「中学校学習指導要領解説」および「高等学校学習指導要領解説」の「一部改訂」を行った。そこでは領土問題に関して、竹島、尖閣諸島がわが国固有の領土であることを理解させること、自然災害時の自衛隊などの役割について触れることを求めている。

学習指導要領の「解説」は、文科省の説明では「学習指導要領の記述の意味や解釈などの詳細について、教育委員会や教員等に対し説明するため、文科省の著作物として作成したもの」とされている。あくまで単なる著作物である。その著作物で事実上学習指導要領の内容を追加しているのである。この改訂は教科書検定を通じて教科書に反映され、教育現場に浸透していくことになる。

このように教科書問題一つをとりあげても日本の教師には自由が与えられていないことが分かる。

(2) 各学校における教育課程編成権

中学校学習指導要領は第1章総則の第1教育課程編成の一般方針の冒頭で「各学校においては、教育基本法及び学校教育法その他の法令並びにこの章以下に示すところに従い、生徒の人間として調和のとれた育成を目指し、地域や学校の実態及び生徒の心身の発達の段階や特性等を十分考慮して、適正な教育課程を編成するものとし、これらに掲げる目標を達成するよう教育を行うものとする」と記述し、各学校が教育課程編成の主体であることを明記している。

「中学校学習指導要領解説総則編」では「学校の長たる校長が責任者となって

編成するということである」としながらも「学校は組織体であるから、教育課程の編成作業は、当然ながら全教職員の協力の下に行わなければならない」と教職員の役割を認めている。

それでは各学校はそれぞれの判断で自由に教育課程を編成できるのであろうか。そこで教育課程に関する法的な仕組みを以下にまとめてみる。

① 教育基本法

教育の目的（1条）、教育の目標（2条）、義務教育の目的（5条）、学校教育（6条）、政治教育（14条）、宗教教育（15条）、教育振興基本計画（16条）など。

2006年に全面改定された教基法には教育の目的のみならずそれを具体化した教育の目標も規定されている。さらには規律や態度といった項目まで詳細に規定している。

② 学校教育法

学教法では教基法の目的、目標規定を受けて、義務教育の目標（21条）が定められ、さらに各学校段階の目的、目標が定められている。30条2項では「前項の場合においては、生涯にわたり学習する基盤が培われるよう、基礎的な知識及び技能を習得させるとともに、これらを活用して課題を解決するために必要な思考力、判断力、表現力その他の能力をはぐくみ主体的に学習に取り組む態度を養うことに、特に意を用いなければならない」といわゆる学力観についても規定している（学力観の法制化）。31条では「児童の体験活動の充実」という具体的な活動の充実を求めることも規定している。

学教法では各学校の目的、目標、求められる学力観を規定し、その上で小学校の場合は「小学校の教育課程に関する事項は、第29条及び第30条の規定に従い、文部科学大臣が定める」としている（33条、中学校、高校も準用）。

③ 学校教育法施行規則

学教法の規定を受けて小学校に関しては施行規則では「教育課程の編成」（50条、教育課程の構成要素：各教科、道徳、外国語活動、総合的な学習の時間、特別活動）を定め、51条で授業時数を定めている。そして52条で「小学校の教育課程については、この節に定めるもののほか、教育課程の基準として文部科学大臣が別に公示する小学校学習指導要領によるものとする」（中学校、高

校に準用）と定めている。
　④　学習指導要領
　学教法施行規則の委任により文部科学大臣が学習指導要領を告示し、具体的な指導内容を示している。
　このように日本の教育課程法制は画一的、集権的なものになっている。各学校に教育課程編成権があるといってもそれは非常に限定されたものであるといえる。

2．2006年教基法改正と教育課程

（1）　教育目的、教育目標規定の変化

　日本の集権的な教育課程法制は2006年の教基法改正および2007年の学教法の改正で大きな「質的変化」があった。以下で教育目的、目標に関する規定の検討を行う。

　1947年教基法は、1条「教育の目的」、2条「教育の方針」、8条「政治教育」、9条「宗教教育」が関連条項である。2006年教基法は、1条「教育の目的」、2条「教育の目標」、5条「義務教育」、6条「学校教育」、14条「政治教育」、15条「宗教教育」と関連条項が増えている。しかも従来であれば学教法レベルで規定していた「教育の目標」を掲げている。さらに「義務教育」（5条）、「大学」（7条）の目的まで個別に定めている。

　1947年教基法は1条で大きな目的を示し、それを具体化する際の留意点を他の条文で示している。一方で、2006年教基法は目的のみならず具体的な目標、さらには規律や態度といった項目まで詳細に規定している。かつて教育目的を法で示すことの是非についての論争が行われ、教育目的規定と教育の自由との緊張関係が意識されていたが、2006年教基法のもとでは詳細な目標まで法定され、教育の自由との緊張関係が一気に強まっている。

（2）　2007年学教法改正

　教基法の改正を受け、2007年にいわゆる教育3法改正案（学校教育法等の一部を改正する法律案、地方教育行政の組織及び運営に関する法律の一部を改正する法律案、教育職員免許法及び教育公務員特例法の一部を改正する法律案）が成

立した。学教法等の一部を改正する法律では「各学校種の目的及び目標の見直し等」が行われた。それは具体的には「改正教育基本法の新しい教育理念を踏まえ、新たに義務教育の目標を定めるとともに、幼稚園から大学までの各学校種の目的・目標を見直す」ものであった。

　義務教育（小・中学校）の目標について新旧の比較を行うと次のことが分かる。小学校の目標について定めていた旧18条は教科名称を導き出すという本来の趣旨から、指導する項目を列記するものが主要な内容であった。しかし義務教育の目標について定めている新21条はそれにとどまらず、規範意識、態度についても規定している。さらに「自然体験活動」「読書に親しませ」「観察及び実験を通じて」「運動を通じて」といった具体的な教育活動の方法についても規定している。改正前の学教法では2001年改正で「体験的な学習活動」の充実に努めることなどが規定されていたが（18条の2）、それ以外に具体的な教育方法等に関わる規定はなかった。しかも、これらを従来の「達成に努めなければならない」から「達成するよう行われるものとする」と改正された。

　新30条2項では学力の要素として「基礎的な知識及び技能」「思考力・判断力・表現力その他の能力」「学習に取り組む態度」が法制化された（学力観の法制化）。

　このように、学教法の諸規定は2007年改正で教育課程編成、教育実践に対して従来以上に拘束性の高いものに変化した。これは2005年10月26日の中教審答申「新しい時代の義務教育を創造する」で国による義務教育の到達目標の明確化として求められていたことでもあった。

（3）教育課程法制に占める教基法の位置づけの変化

　教基法は教育課程法制の中でどのような位置づけであったのか。それは学習指導要領の内容評価に関わる問題でもある。1958年の学習指導要領改訂・官報告示以降、愛国心教育の強調など教育内容の保守化が進み、国の教育内容統制が強まったと評価されている。その中で1947年教基法、とりわけ旧10条は国の教育内容統制に対するブレーキの役割を果たしてきた。旧8条2項は政治教育の規制という観点で国により活用されたが、前文、1条などは憲法改正を掲げる政権のもとで教育現場での形骸化が進行していた。

1947年法が国の教育内容統制に対するブレーキであったとすれば2006年法はアクセルに180度転換する可能性が生じた。教基法が具体的な目標を設定したことにより、教育課程法制と教基法が接続し、その限りでねじれ現象が解消した。教育課程法制のピラミッドの頂点に教基法が位置づけられることとなった。しかし、「不当な支配」の禁止は依然として教基法で定められており、教基法内部でのねじれ現象が発生している。

（4） 2008年版学習指導要領

　2008年版学習指導要領では、総則の冒頭部分で「これらに掲げる目標を達成するよう教育を行うものとする」との記述が入り、学習指導要領は各学校での教育課程編成の基準のみならず、達成目標を示すものとなった。従来のものと比較すると具体的な教育実践、授業方法・内容に関する記述が大幅に増加した。

　それではこの変化はどのようにしてもたらされたのか。学習指導要領改訂の基本方針を示した中教審および教育課程審議会の答申を検討することにする。ここで重要な点に気づくことになる。1998年の学習指導要領の改訂時には、当時の教育課程審議会が「幼稚園、小学校、中学校、高等学校、盲学校、聾学校及び養護学校の教育課程の基準の改善について」というタイトルの答申を行っていた。しかるに2008年改訂時の中教審答申（2008年1月17日）のタイトルは「幼稚園、小学校、中学校、高等学校及び特別支援学校の学習指導要領等の改善について」となっている。「教育課程の基準の改善」ではなく「学習指導要領等の改善」となっている。この答申の内容を知らせる文科省のパンフレットは表紙に「『生きる力』『理念』は変わりません『学習指導要領』が変わります」と記されていた。

　今回の改訂は単に指導内容が変更されるとか授業時数が増減するといったレベルにとどまらず、学習指導要領の性格そのものを「改善」するものであった。それは端的に言えば学習指導要領が「教育課程の全国的な大綱的基準」から大きく踏み出し、〈各学校の教育実践（教育方法・教育内容等を含む）の全国的基準〉になったのである。

　従来も児童中心主義か、系統主義かなど、教育課程の編成原理は学習指導要領の改訂によって移り変わってきた。しかしそれをどのように実践していくかは現場の裁量に負うところが多かった。文科省作成の「指導書」「解説書」、伝達講習

などで事実上の画一化が図られていたとしても、それらは形式上は指導助言の範囲内であった。しかし2007年学教法改正はその枠組みを修正した。特定の学力観を法制化し、その具体策を学習指導要領で明記することになったのである。学習指導要領は教育課程編成の国家基準から教育実践の国家基準に変質したのである。従来であれば指導助言文書である『学習指導要領解説』に記載されていた内容も学習指導要領本体に記載されることになった。

　教基法および学教法の改正、学習指導要領の改訂は、教育課程の中央集権の内実を大きく変質させた。さきに述べたように教育内容の国家統制から一歩進め、具体的な教育実践、教育方法まで統制するものになったのである。その重要な手法の一つが教育の目標管理である。

3. 教育振興基本計画と教育の目標管理

(1) 教育の目標管理

　2006年に首相として教基法の改正を行い、2012年に再登板した安倍晋三首相は、その著書『新しい国へ　美しい国へ　完全版』（文藝春秋社）で義務教育の構造改革の必要性を説き、それを実効あらしめるためには「目標を設定し、実行し、評価し、それを次の目標に反映させる、というサイクルがしっかりしていなければならない。義務教育の構造改革は、まず国が目標を設定し、法律などの基盤を整備する。つぎに市区町村と学校の権限と責任を拡大して、最後にその成果を検証する仕組みがあってはじめて完了する」とPDCAサイクルの必要性を強調した。同時に「全国的な学力調査を実施、その結果を公表するようにするべきではないか。学力調査の結果が悪い学校には支援措置を講じ、それでも改善が見られない場合は、教員の入れ替えなどを強制的におこなえるようにすべきだろう。この学力テストには、私学も参加させる。そうすれば、保護者に学校選択の指標を提供できる」とも述べた。

　この考えは安倍首相独自のものではなく、すでに2005年10月26日の中教審答申「新しい時代の義務教育を創造する」で示されているものである。「目標設定」という「義務教育における国の責任」を強調し、「全国的な学力調査」でその達成度を測り、その結果を公表することで学校間競争を促そうとするものであ

り、新自由主義教育政策に共通するものである。あえて安倍首相独自のものを示せば、「教育の目的は、志ある国民を育て、品格ある国家をつくることだ」という教育観であろう。

　いま、教育統制の仕組みとして教育の目標管理という手法が導入されている。その目標を設定するものが「教育振興基本計画」である。

(2)　教育振興基本計画の構想と変容

　教育振興基本計画という名前が広く社会に知れ渡ったのは、2000年12月22日の「教育改革国民会議報告 ― 教育を変える17の提案 ―」からである。同報告では「教育施策の総合的推進のための教育振興基本計画を」として計画策定の必要性を述べた。同報告は基本計画の内容は、教育改革の基本的方向を示し、具体的な項目を挙げそれぞれについて整備・改善の目標や具体的な実施方策を示すものであるとした。「教育への投資を惜しんでは、改革は実行できない」とし、基本計画を策定することで財政支出を充実させることが目指されていた。

　しかし中教審で、教基法の見直しとともに議論されていく中で、その内容が変化した。中教審答申「新しい時代にふさわしい教育基本法と教育振興基本計画のあり方について」(2003年)では、基本計画で定める内容として「これからの教育の目標」「教育改革の基本的方向」を示した。基本計画の性質が、財政支出を保障するもの(外的条件整備)から、教育目標を管理するもの(内的事項の統制)へと変容したことがわかる。

　国が行うインプットは財政支出ではなく目標設定・管理であり、教育現場は財政の保障を欠いたまま目標達成を強いられることになった。中教審の議論の過程では、基本計画が策定されれば教育条件整備が進むという過度の期待、幻想が教育関係者にあった。政府・中教審はこの「期待」「幻想」を教基法改正への支持を取り付けるために利用した。

　2006年に全面改正された教基法は教育目的を定め、具体的な目標を示しそれを達成することを求め、さらには規律や態度といった項目まで詳細に規定した。17条1項で「政府は、教育の振興に関する施策の総合的かつ計画的な推進を図るため、教育の振興に関する施策についての基本的な方針及び講ずべき施策その他必要な事項について、基本的な計画を定め、これを国会に報告するとともに、

公表しなければならない」と政府の計画策定義務を定め、2項で地方公共団体にも定めるよう努めることを求めた。17条が定める「教育の振興」とは改正教基法が目指す教育の姿を実現するためのものである。

(3) 教育振興基本計画の策定と全国学力テストの実施

2008年7月1日「教育振興基本計画」が閣議決定され国会に報告された。基本計画では「これまで教育施策においては、目標を明確に設定し、成果を客観的に検証し、そこで明らかになった課題等をフィードバックし、新たな取組に反映させるPDCA（Plan-Do-Check-Action）サイクルの実践が必ずしも十分でなかった。今後は施策によって達成する成果（アウトカム）を指標とした評価方法へと改善を図っていく必要がある」との基本的考え方を示した。そして教育における検証・改善サイクルの確立に向け、児童生徒の学力・学習状況を把握するために全国学力テストを継続的に実施するとした。

全国学力テストは、新自由主義教育政策の柱の1つとして、教基法改正、基本計画策定に先立ち実施が決定され、2006年6月20日に「実施要領」が全国の教育委員会などに通知された。2007年度の「実施要領」は「調査の目的」として、「(1) 全国的な義務教育の機会均等とその水準の維持向上の観点から、各地域における児童生徒の学力・学習状況を把握・分析することにより、教育及び教育施策の成果と課題を検証し、その改善を図る。(2) 各教育委員会、学校等が全国的な状況との関係において自らの教育及び教育施策の成果と課題を把握し、その改善を図る」の2点を示していた。全国学力テストの目的は教育（政策）の点検、改善を図るPDCAサイクルの一環であると明記していたのである。

2008年度の「実施要領」で、「調査の目的」に「各学校が、児童生徒の学力や学習状況を把握し、児童生徒への教育指導や学習状況の改善等に役立てる」が追加された。この目的は全国学力テストの実施に対する父母・市民の同意を取り付けるために後から付け加えられたものであり、本来の目的ではなかった。2009年度の「実施要領」では各教委、学校等および文科省においては、全国学力テストの目的を達成するために調査結果を活用した取組に努めることを求めた。全国学力テストに参加することは、各学校の児童生徒の学力を把握することが目的ではなく、その地域・学校の教育実践を国・文科省が定めた教育目標を達成するた

めのものに組み替えることを意味する。実施教科がたとえ国語、算数・数学の2教科のみであってもすべての教科を国のPDCAサイクルのもとに置く効果があるのである。

　文科省の2010年度の「都道府県・指定都市における独自の小学校・中学校学力調査について」によれば、独自の学力調査を実施した教育委員会数は、30都府県、13指定都市にのぼる。結果の公表は学校単位での公表はないが、市町村単位では中学校が4教委、市・郡部単位までは4教委が公表している。PDCAサイクルは、テスト結果の公表を通して強化される仕組みになっている。

　全国学力テストに関しても、大阪など一部の地方で結果の公表が行われ、文科省も2014年度の学力テストから、市町村教育委員会において、それぞれの判断で個々の学校名を明らかにした調査結果の公表を行うことを可能とし、都道府県教育委員会においては、市町村教育委員会の同意を得た場合は市町村名または市町村教育委員会が設置管理する学校名を明らかにした調査結果の公表を行うことを可能とした。調査結果の公表が進むことで、各学校は学力テスト対策の授業すなわち文科省が定める教育内容・方法にしたがった教育実践を強いられることになる。

（4）　地方における教育振興基本計画

　教基法の改正を受け各地方で教育振興基本計画が策定された。ここで留意すべきは地方の基本計画は2つの性格を持っているということである。すなわち教基法17条2項でいうところの地方の基本計画という側面と、もう1つは、それぞれの地方で定めている総合計画の教育分野での個別計画という側面である。前者は、政府が定めた計画を地方で具体化するという役割があることである。後者は「北海道教育推進計画」（2008年）の場合は「新・北海道総合計画」の「教育分野の計画」として位置づけられている。「あいちの教育に関するアクションプランⅡ」（2011年）では、「素案」の段階では「教育基本法第17条第2項に規定する本県の教育振興基本計画であるとともに、本県の地域づくりの新たな羅針盤として策定された『政策指針2010-2015』の教育に関する部門別個別計画として位置付けます」とされていた。

　地方の基本計画の2つ目の性格は次の問題をもたらす。1つは、首長が策定す

る親計画に教育目標が記述されることにより、教育目標設定の最終責任者が教育委員会から首長に移ることである。もう一つは、親計画の力点が地域づくり、経済の活性化にあるため、教育目標がその地域の経済を支える人材養成という観点に偏ることである。愛知では、知事が「愛知の教育を考える懇談会」を開催し、「社会のために役立つことができるようにすることを、今後の教育の柱、課題とすべきである」との結論を得て、それ以後これが愛知の教育の大きな目標となっている。さらに市町村立の小・中学校の教育の内容も府県レベルで決められてしまうという問題も生じている。

地方の基本計画の問題として数値目標が多数明記されていることである。これは毎年、計画の進捗状況を点検・評価する指標として設定されている。愛知の計画を例に取れば、「全国学力・学習状況調査で『道徳性』『社会性』に関係する項目に肯定的に答えた児童生徒数の割合（小・中学校）→ 全ての項目で全国平均を上回る。（毎年度）」といったように全国学力テストがその指標として利用されている。

「学力保障条例」（「釧路市の子どもたちに基礎学力の習得を保障するための教育の推進に関する条例」）で話題になった釧路市の「釧路市教育推進基本計画」（2013年）では、「全国学力・学習状況調査における児童生徒の平均正答率の状況（全道を100とした比較の値）」を「100以上」とすることを達成目標としている。条例では基礎学力の習得状況等を学校ホームページで公開することを求めており、数値目標に拘束された実践が強いられることになる。

広島県府中市は、2012年の全国学力テストで、市平均がすべての教科で全国平均と広島県平均を初めて上回ったのを祝い、市内の全小中学生に一対の紅白まんじゅうを配ったという。学力テストの点数を上げることが至上命題とされ、多くの弊害が生じていることはもはや周知のことである。学力テストと教員評価が結びつくときその弊害は極致に達するであろう。アメリカ・ジョージア州アトランタで、教師らによる組織的な試験結果の改ざんが行われ、元教育長らが起訴されたが、この事件を対岸の火事と見過ごすことはできないであろう。

国レベルでの目標管理システムは教育課程統制のしくみと一体となって強固なものとなった。そしてそれを地方の教育振興基本計画が補完および先取りしている。

4. 教師の職業上の自由と教職員団体の役割

　1946年3月に来日した米国教育使節団はその報告書の「序論」で「教師たると行政官たるとを問わず、教育者というものの職務について、ここに教訓とすべきことがあるのである。教師の最善の能力は、自由の空気の中においてのみじゅうぶんに現わされる。この空気をつくり出すことが行政官の仕事なのであって、その反対の空気をつくることではない。子供の持つ測り知れない資源は、自由主義という日光の下においてのみ豊かな実を結ぶものである。この自由主義の光を与えることが教師の仕事なのであって、その反対のものを与えることではない」と述べていた。今日、教師に「自由の空気」があるかどうかが問われている。

　1966年10月5日、教員の地位に関する特別政府間会議が採択した「教員の地位に関する勧告」では、「教職は専門職と認められるものとする」と宣言し、教員団体の教育政策策定への参加、「教材の選択及び使用、教科書の選択並びに教育方法の適用にあたって、承認された計画のわく内で、かつ、教育当局の援助を得て、主要な役割が与えられるものとする」として教員の「職業上の自由」を認めている。今日の学習指導要領の内容および目標管理政策など一連の教育課程・内容・方法に関わる施策が「承認された計画のわく内」に含まれるとは到底思われない。現在の日本の状況は国際常識からかけ離れているといえる。

　この現状を打破するためには、教師自らがその責任を自覚し、教員の地位勧告で認められた権利と責務が実現できるよう行動することが求められる。とりわけ教職員団体に課せられた役割は大であろう。

付記
　本章の2は「新教育基本法と学習指導要領」『日本教育法学会年報』第42号、2013年、3は「教育目標が強制されるシステム」『教育』2013年6月号所収の原稿の一部に加筆、修正したものである。

第3章 教員養成制度の原則と課題

1. 戦前の教員養成制度

（1） 師範学校の登場と整備

　近代学校制度のはじまりは、教員養成制度のはじまりでもあった。国家は、江戸時代の庶民の教育機関であった寺子屋とは違う学校を整備するにあたり、同時にそこで近代教科を教える教師の養成も大急ぎで進める必要があったのである。

　明治維新後間もなく、1872（明治5）年の「学制」発布に先立って、同じ年に官立（国立）の師範学校（後の東京師範学校）が設立された。当時のアメリカの師範学校の教育形態をまねして、アメリカの師範学校出身で教職経験のあるアメリカ人のスコットを教師として招き、教科書、教具等もアメリカの物を使用して授業法中心の教育が行われた[1]。

　続いて、1874（明治7）年には官立の女子師範学校が設立された。その翌年には東京師範学校に中学師範学科が付設され、中学校の教員養成も開始された。いったん各地に官立の師範学校が設置されていくが、間もなく東京師範学校と女子師範学校のみが残された。他方で、府県でも急速に公立の師範学校の設置が進み、1880（明治13）年の「教育令」改正で、小学校教員の養成を任務とする師範学校の設置が府県に義務化された。あわせて師範学校の官公立の原則が定められた。

　教師になる資格も整備された。それまでは師範学校卒業だけで資格が得られ、またそれ以外にも免許状を得られる道があったが、1885（明治18）年の「教育令」改正で、小学校、中学校ともにすべて文部省から検定により授与される免許状だけとなった。免許状主義である。ただし、中学校の場合は、中学師範学科や大学の卒業生には、無試験検定によって中学校や師範学校の教員免許状が与えられる措置が残された。

　1885（明治18）年に内閣制度が発足し、初代文部大臣となった森有礼は、そ

れまでの教育政策が欧米の制度を取り込もうとしてきたことに対して、国家主義的教育理念を打ち出して教育改革にあたった。人物本位の教員養成を重視した森は、1886（明治19）年の「師範学校令」で、師範学校は「三気質」つまり「順良」「信愛」「威重」を備えた教員を養成することを目的とした。そして、そのために軍隊の兵舎をまねした全寮制寄宿舎での生活訓練と兵式体操の導入をはかった。この寄宿舎を通した軍隊式訓練は、後に「師範タイプ」[2]と称される戦前の教師像の形成に大きな影響を与えた、と言われている。

また、「師範学校令」により、師範学校は高等と尋常の二種になり、高等師範学校は官立で東京に1校のみ、尋常師範学校は各府県に公立で1校ずつ、すなわち1府県1校主義で設置することになった。高等師範学校は尋常師範学校の校長と教師を養成し、尋常師範学校は公立小学校の校長および教師を養成する機関になった。

（2） 教育勅語と師範教育

1890（明治23）年、明治天皇が「教育ニ関スル勅語」（教育勅語）を発した。これは、天皇制国家の精神的支柱として、第二次世界大戦で敗戦を迎えるまで国民道徳、教育の基本理念になった。もちろん師範教育にも大きな影響を与えた。1892（明治25）年の尋常師範学校の学科課程改正で、「教育者精神」が求められるようになった。「教育者精神」とは、教育勅語の精神が中心にあり、教師は自己犠牲を払ってでも国民を天皇の徳に同化させる役割を果たすべきとするものであった。師範学校では、こうした価値の体得が重視された。

義務教育の就学率の上昇に対応するため、1897（明治30）年の「師範教育令」により、師範学校、高等師範学校、女子高等師範学校の3種類となった。かつての尋常師範学校は、師範学校の呼び方になり、1府県1校主義も廃止され同府県内に複数の設置ができるようになった。また、公費生の他に私費生も認められた。高等師範学校は、中等教育教員の養成を専門にすることになった。中等教育でも就学率が上がってきたため、中等学校教員養成の補助機関として臨時教員養成所が整備されるとともに、実業教育でも、農業、工業、商業で教員養成所が整備された。

1907（明治40）年に、「師範教育令」下で「師範学校規程」が定められ、従来

の高等小学校卒業者が進学するものを1年制の予備科と4年制の本科第一部とし、この他に中学校卒業者が進学するものを1年制（女子は1年または2年制）の本科第二部として新設した。中学校卒業後に小学校教員になる者の教員養成を充実させるためであった。第二部は、1931（昭和6）年に2年制になった。

（3） 戦争と師範教育の終焉

　戦時体制に即応する高度国防国家体制の確立を目的とした教育改革を推進するため、1937（昭和12）年に教育審議会が設置された。提言として、皇国民を育成する「重責」を担う教員の養成をめざすべきとし、師範学校を根本的に改革して「専門学校程度」への昇格をはかり、皇国の道の修練のため学校の全施設を統一し、人物錬成の道場としようとするものであった。昇格論議はすでに大正時代からあったもので、その背景には、中等教育の普及と、それに伴う同じく中等教育に位置する師範学校の相対的地位の低下、教師の質の向上等への対応の必要性があった。

　教育審議会の答申を受け、1943（昭和18）年に「師範教育令」が改正された。師範学校は官立に移管され、中学校、高等女学校、実業学校など中等教育の学校の卒業生が入学する専門学校程度の学校として位置づけられた。私費生は廃止され公費により全生徒を養成することになり、また、この時から、国定教科書が使用されることになった。

　高等師範学校については、その専攻科がもとになって、1929（昭和4）年に東京と広島に文理科大学が創設された。いわゆる「二文理大学」である。各高等師範学校は、この文理科大学に附置される形で存続した。終戦間近に金沢高等師範学校（1944年）、岡崎高等師範学校（1945年）が続けて新設された。

　戦争は、師範教育にいっそうの矛盾を引き起こした。学徒勤労動員は、戦局が厳しくなるにつれ、次第に恒常化、通年化していく。1944（昭和19）年の「学徒勤労令」に至っては、「勤労即教育」、つまり軍需工場での集団勤労作業を教育として行うこととされた。師範学校は、当初は授業継続の方針であったが、次第に他の学校と同様に全面的に展開されていった[3]。こうして、師範教育は、敗戦とともに終焉を迎えることになった。

2. 戦後の教員養成の原則の確立と展開

(1) 戦後教員養成改革と二大原則

　第二次世界大戦後の日本は、新しい国家、社会の再建にとりかかった。その中で、教員養成制度は、戦前の師範教育に対する厳しい批判[4]を経て、「大学における教員養成の原則」と「開放制の原則」の二大原則のもとで改革が行われた。

　その政策形成過程では、まず、大学において教員養成を行う方針が定まっていく。この「大学における教員養成の原則」には、単に師範学校時代に「専門学校程度」に位置付けられていたものを大学レベルに昇格させるという意味だけではない。戦前の師範学校のような教員養成のための特定の学校を設けることをせず、大学において高い教養と深い専門的学芸の研究を通して個性豊かな人間性を形成しようとしたのである。

　一方で、教員養成を目的とする特定の大学を設けるかどうかが大きな争点になっていった。具体的には、教員養成は総合大学や単科大学に教職課程を置いて行うべきとする意見と、他に教員養成を目的とする大学・学部（「教育大学」「教育学部」または「学芸大学」）も設けるべきであるという意見である。

　新制大学が発足すると、国立には、師範学校、高等師範学校、女子高等師範学校等を母体として、教員養成を主とするものとして総合大学に「学芸学部」または「教育学部」が設置され、あるいは単独で「学芸大学」が設置された。同様に、国公私立の一般大学・学部・短期大学も、教職課程を設けて教員養成機関になれるようになった。教員養成を主たる目的とするものかどうかの区別なく、どの大学でも「教育職員免許法」（1949年）の基準を満たす単位を修得すれば、相応の教員資格が取得できるようになった。これは、「開放制の原則」と言われる。

　戦前の教員養成は、教員養成を目的とする官立（または公立）師範学校で閉鎖的に行われていた。また、戦前の免許状制度は、師範学校等の卒業者にはそのまま免許状が授与され、官立専門学校の卒業生は指定学校として免許状が授与され、公私立の専門学校卒業者は、許可学校とされた学校のうち成績優秀者しか免許が授与されないという仕組みだった。さらに、試験検定制度と無試験検定制度もあり、とても複雑であった。このような戦前の閉鎖的で複雑な仕組みは、「大

学における教員養成」と「開放制」の二大原則と免許状主義により、開放的で単純で平等な仕組みへと変わったのであった。

（2） 課程認定制度の創設とその後の展開

1953（昭和28）年の「教育職員免許法」改正により、課程認定制度が創設された。これにより、文部大臣（現文部科学大臣）に免許状の授与の所要資格を得させるために適当と認める課程の認定を受けなければ、免許状取得に必要な単位が認められないことになった。つまり、教職課程に国のチェックが入るようになった。

その後の教員養成政策では、先に述べた「大学における教員養成」と「開放制」の二大原則や免許状主義に変更を加える方向性が打ちだされていく[5]。例えば、制度化には至らなかったものの、1951（昭和26）年には、政令諮問委員会「教育制度の改革に関する答申」で、大学から2年または3年制の専修大学を分離させ、学芸大学を高等学校とあわせた5年または6年制の教育専修大学に再編する提言が出された。また、1958（昭和33）年の中央教育審議会「教員養成制度の改善方策に関する答申」では、一般大学卒業者の場合は、課程認定大学の場合でも仮採用、そうでない場合は国家検定試験を経て仮採用とする提案があった。また、1971（昭和46）年中央教育審議会「今後における学校教育の総合的な拡充整備のための基本的施策について」では、初等教育教員は目的大学化した教員養成大学で養成し、中等教育教員もある程度はそこで養成すべきとされた。これらは、二大原則を大きく変更しようとした構想であった。

実際に改革が行われたものには、次のものがある。1988（昭和63）年、1989（昭和64）年の「教育職員免許法」および同法施行規則改正により、免許基準が引き上げられ、教育実習を含む免許取得のための単位数が大幅に増加した。また、教員免許は、卒業基礎資格を高等教育機関別に区分し、大学院修士課程修了者に「専修免許状」、大学学部卒業者に「一種免許状」、短期大学卒業者に「二種免許状」と3種類になった（ただし、高等学校教員は専修と一種の2種類）。免許基準については、さらに、1998（平成10）年同法施行規則改正で「総合演習」等の新設科目を含む単位増、2008（平成20）年改正では「総合実践演習」の開設があった。

法令改正ではないが、教職課程の新設、学部・学科改組や免許基準が改正される度に、文部科学大臣から課程認定あるいは再課程認定を受けなければならず、しかも課程認定基準は厳格化する傾向にある。こうした動向は、一般大学・学部が教職課程を維持し続けるのを困難にしていく恐れがあり、「開放制」の観点から懸念されるところである。

　また、教員養成を受けていなくても試験に合格すれば免許状が取得できる教員資格認定試験が、広く一般社会人から教員にふさわしい人材を確保する目的で、1964（昭和39）年に始まった。当初は高等学校の「柔道」「剣道」「計算実務」の科目のみであったが、1973（昭和43）年に特殊教育（後の特別支援）学校の一部科目と小学校で新設され、高等学校と特殊教育学校の科目数も次第に増えていった。2004（平成16）年に高等学校が全科目で停止され、2005（平成17）年には幼稚園で新設され、現在に至っている[6]。この他、社会人の活用の観点からは、1988（昭和63）年の「教育職員免許法」改正により教育委員会が行う教育職員検定により免許状を授与する特別免許状制度、免許状を持っていなくても教科の非常勤講師として任命できる特別非常勤講師制度が導入された。これらは、大学における教員養成を軽視あるいは否定する施策である。

　国立の教育養成系大学・学部に目を転じてみれば、いま改革の嵐が吹き荒れている。大幅な学生定員削減、国立大学の独立行政法人化を経て、教職大学院の設置が進められている。教職大学院とは、2007（平成19）年の「専門職大学院設置基準等の一部を改正する省令」により、「高度の専門的な能力及び優れた資質を有する教員の養成のための教育を行うことを目的とし」て、専門職大学院の一つとして創設された。そして、国立大学間の再編・統合も推し進められようとしている。

　最後に、2011（平成23）年度における公立の小学校、中学校、高等学校、特別支援学校の教諭、養護教諭および栄養教諭の学歴別採用者の割合は、一般大学卒55.0％、教員養成大学・学部卒31.5％、大学院修了10.8％、短期大学卒2.6％である（文部科学省初等中等教育局教職員課調べ）。最近の教員養成政策が、この実態を踏まえたグランドデザインを描けているのかどうか、注視する必要がある。

3. 転換期を迎えた教員養成制度

　中央教育審議会は、2012年8月28日「教職生活の全体を通じた教員の資質能力の総合的な向上方策について」と題する答申を文科大臣に提出した。この答申は、「教員になる前の教育は大学、教員になった後の研修は教育委員会という、断絶した役割分担から脱却し、教育委員会と大学との連携・協働により教職生活全体を通じた一体的な改革、学び続ける教員を支援する仕組みを構築する必要がある」としつつ、「修士レベルでの学びを教職生活全体の中に組み込んでいくことが、時代の変化に対応した教員の資質能力向上において望ましいと考えられる」として、教員養成制度改革の方向性として「修士レベル化」を示した。これによって学士課程を中心に取り組まれてきた日本の教員養成制度は、「修士レベル」の養成課程を修了した教員を標準とするより高度な専門職業人としての教員を育てる制度に転換する筋道が示されたことになる。具体的な制度設計に至るまでにはさまざまな議論が必要となるであろうが、今後は教員養成制度の「修士レベル化」（高度化）が、日本の教員養成制度改革の主要な課題の一つになるであろう。

(1) 教員免許制度の改革

　答申が示した教員養成制度の「修士レベル化」に向けた具体的改革は、「修士レベル」の養成課程を修了した者に授与される「一般免許状（仮称）[7]」と従来同様の学士課程の養成課程を修了した者に授与される「基礎免許状（仮称）[8]」の二種類の免許状を創設する[9]というものである。あわせて、特定分野に関し、実践の積み重ねによる更なる探究により、高い専門性を身に付けたことを証明する「専門免許状（仮称）」の創設も提言されている。この「専門免許状（仮称）」の分野は、学校経営、生徒指導、進路指導、教科指導（教科ごと）、特別支援教育、外国人児童生徒教育、情報教育等が例示されている。

　また答申は、「基礎免許状（仮称）」取得者が、「一般免許状（仮称）」を取得する段階について、①「一般免許状（仮称）」取得後に教員として採用、②「基礎免許状（仮称）」を取得し、教員採用直後に初任者研修と連携・融合した修士レベルの課程の修了により「一般免許状（仮称）」を取得、③「基礎免許状（仮称）」

を取得し、教員採用後一定期間のうちに修士レベルの課程等での学修により、「一般免許状（仮称）」を取得、という3つのパターンを示している。

このような教員養成のいわば「高度化」が必要とされる理由として答申は、次のような状況認識を示している。

① いじめ・暴力行為・不登校等生徒指導上の諸課題への対応、特別支援教育の充実、外国人児童生徒への対応、ICTの活用の要請をはじめ学校現場における課題が高度化・複雑化しており、初任段階の教員がこれらの課題などに十分対応できず困難を抱えている。このため、初任の段階で教科指導、生徒指導、学級経営等の職務を的確に実践でき、チームで課題に対応できる力を育成することが求められている。

② これまで教員の力を育んできた学校の機能が、教員の大量退職や学校の小規模化、学校現場の多忙化などにより弱まっており、上記の職務を的確に実践できる力の育成を学校現場だけに依存することが困難になってきている。教職大学院は、こうしたことへの一つの解決策としても有効性を示している。

③ 社会の変化も激しく、変化に対応できる視野の広さと高度の専門性を持ち続けるため、大学における知を活用した、学び続けるための新たな仕組みを構築する必要がある。

④ グローバル化や少子高齢化など社会の急激な変化に伴う、求められる人材像、学校教育に求められる役割や内容の変化を踏まえ、授業の実施方法を含む教育のスタイル自体を変えていくことが求められている。基礎的・基本的な知識・技能の習得に加えてこれらを活用して課題の解決を図る力など学習指導要領においてねらいとされている力を育成するためには、新たな学びに対応した新たな授業スタイルや教育方法が開発され、学生や現職教員にしっかりと伝えられていくことが必要である。

⑤ こうした新たな学びは、子ども自身が自らの主体的な関心に基づいて課題を探究していく学習が核となって実現するものである。

⑥ そのような学習形態を前提とすると、教員養成については、学部における能動的な学修等により、基礎的・基本的な知識・技能や汎用的能力を身に付けた上で、大学院レベルで自ら課題を設定し、学校現場における実践とその省察を通じて、解決に向けた探究的活動を行うという学びを教員自身が経験

した上で、新たな学びを支える指導法を身に付ける必要がある。
⑦　こうした学びを学部レベルで行えないかとの考えもあるが、学部においては、教養教育と専門分野の基礎・基本を重視した教育が展開されている。教科の専門的知識の不足や、学校現場での体験機会の充実、ICTの活用など新たな分野への対応が指摘される中で、こうした応用的な学びは、量的な面から考えても、また学びの質的な深まりから考えても学部レベルのみで行うことは困難であり、学部教育の改善・充実の上に、大学院レベルで行うことがふさわしいと考えられる。
⑧　これからの教育は、どのような教育活動の展開が学習成果に結びつくかという、学習科学等の実証的な教育学の成果に基づいて行われることが望まれるが、そうした実証的なアプローチについての教育研究を大学院レベルで進めることも必要である。

（2）　教員養成制度改革の当面の課題

「修士レベル化」を基本とする教員養成の制度設計は、さまざまな検討課題が残されており、その実現に向けては実際にはかなりの時間が必要となることは明らかである。しかしながら、そのことは「修士レベル化」を目指す教員養成制度改革そのものが先送りされる、ということを必ずしも意味しない。答申は、「修士レベル化」という方向性を明示しつつ、他方では、現行制度をふまえた「修士レベル化」を見据えた具体的な改革の課題をも示している。その概要は次のとおりである。

①　学部における教員養成の充実

教科と教職の架橋の推進、全学的な体制の整備、個性化・機能別分化の推進、質保証の改革により、必要な資質能力の育成を徹底する。

②　修士レベルの教員養成・体制の充実と改善

教職大学院制度の発展・拡充、実践力向上の観点から修士課程のカリキュラム改革を推進するとともに、専修免許状の在り方を見直す。

③　初任者研修の改善

教職大学院等との連携・融合により、初任者研修の高度化を図るとともに、長期的な新人教員支援システムを構築する。

④ 採用の在り方

　選考方法をいっそう改善するとともに、30代、40代の積極的採用を推進する。

　これらのうち、③④については、教育委員会と大学・文科省との連携が進んでおらず課題として示されている段階であるが、①については、課程認定のプロセスにおいてすでにさまざまな形での具体的な「指導」がなされており、学士課程段階における教員養成の質保証に向けた教職課程評価システムづくりの準備もすすめられている。最も速いテンポで取り組まれようとしているのは②の課題である。

（3）「大学院段階の教員養成の改革と充実等について」（教員の資質能力向上に係る当面の改善方策の実施に向けた協力者会議報告書　2013年10月15日）

　文科省は上記の「当面の改善方策」の具体化に向けて2012年9月19日「教員の資質能力向上に係る当面の改善方策の実施に向けた協力者会議」を設置し、①教職大学院のカリキュラムや組織の在り方の検討等、修士レベルの教員養成課程の改善に関すること、②専修免許状の改善等教職課程の質保証等に関すること、③その他についての検討を委嘱し、同会議は2013年10月15日「大学院段階の教員養成の改革と充実等について」と題する報告書を取りまとめた。同報告書は、とりわけ大学院段階における教員養成の改革と充実を中心に取りまとめられており、具体的な方策として、国立の教員養成系修士課程を原則として教職大学院に段階的に移行する、教職大学院の教育課程について、共通に開設すべき授業科目である共通5領域を均等に履修させる考え方を改め、コースなどの特色に応じて履修科目や単位数を設定できるようにする、専修免許状の認定課程を有する国公私立大学の教員養成系以外の修士課程は、実践的指導力を保証する取組を進めつつ、一定の分野について学問的な幅広い知識等を強みとする教員を養成する、専修免許状の課程を有する各大学院においては、理論と実践の往還を重視した実践的科目[10]（おおむね4～6単位程度）を、専修免許状取得に必要な24単位の中に位置付けて必修としていくことを「促進」するとした。このほか、すべての課程認定大学に対し、情報の公開を義務付ける必要性を指摘し[11]、教職課

程のグローバル化への対応も求めている。

　すでに文科省は、すべての都道府県に教職大学院を設置すべく、教職大学院を設置していない国立の教員養成系修士課程に対して強く行政指導を行っている。

　教職大学院を中心とする修士課程における教員養成を通して育てられようとしている教員の資質は、同報告書によれば、「子供の基礎的知識や技能の確実な習得に加えて、思考力・判断力・表現力等を育成する学びをデザインできる実践的指導力や、社会の変化に伴う新たな課題に柔軟に対応できる広い視野をもった高度専門職業人としての力」であり、「高度の専門性に基づく実践力指導力」という概念でまとめられている。しかしながら、大学院本来の役割を考慮するとき、忘れてはならないのは、学問的な深い知識・理解に基づく教職や教科に関する専門性を保証することである。とりわけ教科指導が中核となる中等教育を担う教師は、自分の専門とする教科についての高度な学問的知識や理解が求められる。同報告書は、こうした資質の育成を教員養成系以外の大学院に期待しているように見受けられるが、既存の教職大学院で学ぶ現職教員の最大の不満の一つは、自らが専攻する教科に関する専門的知識が深められない、というところにある。国立の教員養成系修士課程を原則として教職大学院に段階的に移行するとすれば、これまで教科専門の力を中心に養成してきた場が消失することになる。大学における教員養成を原則とする戦後日本の教員養成制度の根底にあるのは、学問研究に裏打ちされた専門的知識を身につけた教員を養成することにあったはずである。「修士レベル化」（高度化）に向けて走り始めた教員養成制度改革が、この本来の役割を見失ってはならない。

注
1) 仲新監修『学校の歴史第5巻　教員養成の歴史』第一法規出版、1979年、13-18頁。以後、本章第1節、第2節の戦前の教員養成の歴史については、特に断らない限り、同書、仲新・伊藤敏行編『日本近代教育小史』（福村出版、1984年）、および水原克敏『近代日本教員養成史研究 ― 教育者精神主義の確立過程 ―』（風間書房、1990年）を参照。
2) 「師範タイプ」とは、戦前の教師の性格を表す言葉で、着実性、まじめ、親切などが長所として評価され反面、内向性、表裏のあることである。つまり偽善的であり、仮面をかぶった聖人的な性格を持っていて、時に卑屈で融通の利かない性質であり、長所と短所の

二面的性格を持ち合わせているものである。寄宿舎で軍隊式の生活訓練を受け、厳しい先輩後輩関係の中で、こうした性格が形成されていったものと言われている。
3) 師範学校生の学徒勤労動員の実態と歴史的評価については、逸見勝亮『師範学校制度史研究 ― 15 年戦争下の教師教育 ―』（北海道大学図書刊行会、1991 年）にくわしい。
4) 戦後改革で教員養成改革が論議されるとき、戦前の師範教育は厳しい批判にさらされた。土屋基規によれば、戦前においても、師範教育に対しては師範学校生徒による紛争があった他、中学校長協会、師範学校長協会、民間教育研究団体、内閣の諮問機関「臨時教育審議会」での議論、その他各界から批判や改革案が数多く出されていた（参照、土屋基規『戦後教育と教員養成』新日本出版社、1984 年）。
5) 以下、戦後教員養成の政策動向と法改正については、榊達雄・酒井博世・笠井尚編著『現代教育と教師』大学教育出版、2006 年、137-145 頁を参照。
6) 教員資格認定試験の歴史的経緯については、文部省ホームページ（http://www.mext.go.jp/component/b_menu/shingi/giji/__icsFiles/afieldfile/2009/09/08/1266785_02.pdf アクセス日 2014 年 1 月 23 日）を参照。
7) 「一般免許状（仮称）」は、「1 年から 2 年程度の修士レベルの課程（教職大学院、修士課程、又はこれらの内容に類する学修プログラム）での学修を標準とする」、とされ、「探究力、学び続ける力、教科や教職に関する高度な専門的知識、新たな学びを展開できる実践的指導力、同僚と協働して困難な課題に対応する力、地域との連携等を円滑に行えるコミュニケーション力を有し、教科指導、生徒指導、学級経営等を的確に実践できる力量を保証する」ものでなければならず、その学修プログラムとしては、「①教育委員会と大学との連携・協働により運営するプログラム、②教職特別課程（教職に関する科目の単位を修得させるために大学が設置する修業年限を 1 年とする課程）の活用、③履修証明プログラムの活用等」が示されている。
8) 「基礎免許状（仮称）」は、「教職への使命感と教育的愛情を持ち、教科に関する専門的な知識・技能、教職に関する基礎的な知識・技能を保証する」ものであるが、「早期に「一般免許状（仮称）」を取得することが期待される」ものという性格付けがなされている。
9) 当初は、「6 年制教員養成制度」という表現も用いられたりして、4 年間の学士課程と 2 年間の大学院修士課程を連続させた教員養成課程の延長が構想されていたようであるが、最終的な答申は、学士課程における養成と「修士レベル」の養成を並立させる案になっている。
10) 実践的科目として考えられる内容としては、具体的には各大学院が適切に定めるとしつつも、主体的に学校教育活動に参画するインターンシップや学校現場をフィールドとする活動と、その活動について、研究科において事前の指導や事後の省察などを行うことを組み合わせて構成するという例示がなされている。
11) 公表が義務付けられる項目としては、教員養成の理念や具体的な養成する教員像、教職指導に係る学内組織等の体制、教員養成に携わる専任教員の経歴、専門分野、研究実績等、教員養成に係るカリキュラム、シラバス等、学生の教員免許状取得状況、教員への就職状況、その他教員養成の質の向上に係る取り組みなどが例示されている。

第4章 教員評価制度の問題

1. 教員評価の意義

　2003（平成15）年度、文部科学省は全都道府県・指定都市教育委員会を対象に「教員の評価に関する調査研究」委嘱のための予算措置をした。すでに、東京、神奈川、高知、香川、大阪などいくつかの県で先行的に実施していたが、この予算措置によって、一挙に全国で「教職員評価」などの検討会議が設置され、教員評価システムが作られていった。

　文科省は教員評価システムについての状況調査の中で、「将来の日本を支える人材を育てるため、教員の資質の向上や数を充実することなどにより、質の高い教育を実現することは極めて重要な課題であり、そのような中で、教員の資質を向上させ、学校教育に対する信頼を確保するために、教員評価により、教員が自らその教育活動を見直し、自発的に改善していくとともに、教員の能力と業績を適正に評価し、意欲と自信を持たせ、また、教員の指導力や勤務実績が処遇上も報われるようにしていくことが必要である」（2010（平成22）年4月）と、教員評価の意義を述べている。この文言によれば、文科省は「質の高い教育」は「教員の資質の向上」と「数」の充実で実現できるとしている。ただし、資質の向上には「適正に評価し、意欲と自信を持たせ」という上から目線と「処遇上も報われるように」と目の前に人参をぶら下げるような考えで、ほとんどの教員がやりがいと使命感をもって「国民全体に対し直接に責任を負って」行っているけことを見向きもしない。

　教員が実践力を向上させるための取組はどのようなものと考えられているか、愛知県の場合で見てみよう。愛知県においては、2003年7月、「教員評価制度調査研究会議」が設置された。その趣旨は「教員一人ひとりの能力や実績等が適正に評価され、人事や給与等の処遇に適切に結びつけられる、教員の新たな評価制度に関する実践的な調査研究を行う」ものである。会議を構成する委員17名

はすべて「愛知県教育委員会教育長が委嘱する」というものであった。第1回目の会議におけるいくつかの意見を「愛知県高等学校教職員組合（愛高教）のまとめ」から引用して紹介すると、「評価を給料に反映させるのは難しい。…足りないところを補い合い、助け合って行うのが大事で、給与に反映したらどうなるだろうか？」（中学校長）、「今回のこの方向では、教育の評価が個に還元されるがそれで良いのか。学校の中は、個ばかりでなくグループや学校として動いている。チームや団体としての動きについては評価は難しい。成果があがっていないが、一生懸命追求している場合もある」（市教育長）、「一律の尺度で計ってよいのか。効果を上げている中での評価と、必死に頑張っている困難校での評価がある」（町教育長）、「教育の現場では成果が見えない。…一人ひとりの発達が違えば、子ども一人ひとりに対する物差しも違う。数値目標を簡単にはできない。…全ての先生を事細かに評価するのはどうか。今でも忙しいのに、さらに忙しくなるなら、学校は回らなくなる」（教育事務所次長）、「成果を上げたから給料を上げるというのは、教員のモチベーションになるのか」（大学教員）、「先生方は、昇給を望んで仕事をやっているのか。そうではないように思う。子どもと接していることがモチベーション。…給料を上げることで差をつけることが良いのか。現場の気持ちはどうなのか。能力・業績主義でよいのか、と思う」（県立学校保護者）、「子どもが変わったという喜びは、金では買えない。大きなモチベーション。純粋な気持ちでやっているのがほとんどだ。能力には違いがあるので、どういう教員をどういうポジション、仕事をやってもらうのかはあるが、自分の足りない部分を他が補い、チームとしてやっている。個人としてやっている面は小さい。給料が関わるから、ということは考えたこともないのではないか」（中学校長）などである。1回目の会議であることから、実に正直な考えが披露されている。

　一人ひとりの子どもが違うのであるから、教員の仕事は数値で表すことはもとより評価そのものが困難である。また教育という仕事は個々の教員がばらばらで行うのではなく、集団としてあるいは同僚として協力しながら行っていくものである、という考え方が妥当である。

2. 教員評価制度のねらい

(1) 「逆コース」を進める教員管理強化

　国策とはいえ、多くの教え子を侵略戦争へ送り出してきた教師たちの苦悩は大きく、戦後民主教育はその反省の中から生まれてきた。1946年、日本国憲法が公布され、続いて1947年教育基本法が施行され、平和・民主主義・人権の戦後教育が追求されていくことになった。しかし、それも10年を待たずして「逆コース」が始まった。

　1951年、サンフランシスコ講和条約締結と同時に日米安全保障条約締結、1953年、池田・ロバートソン会談が行われ、教育が大きく右旋回し始めた。政府が教育を右へ動かそうとすれば、教育を担う教師を管理しなければならない。ときの権力は民主的教育実践を「偏向教育」として攻撃したり、教科書を攻撃したりするとともに、教育行政面でも教師の管理を強化した。1956年、「教育委員会法」を廃止し、「地方教育行政の組織及び運営に関する法律」を成立させ、その46条で「県費負担教職員の勤務成績の評定は、地方公務員法第40条第1項の規定にかかわらず、都道府県委員会の計画の下に、市町村委員会が行うものとする」と「勤務成績の評定」を規定した。勤務評定の目的は「人事行政の確立に資する」[1]としており、給与には反映されないものの、人事行政すなわち昇任・昇格などには資するとして、教師に圧力をかけ、管理を強化するものであった。

　愛知県教育例規集平成10年版によれば、評定基準は5段階で、「仕事の手順」(だんどりよく能率的に)、「規律」(命令や服務規律をよく守り模範的)、「人を見る眼」(人の性格、能力、適正等を極めて早くみぬいた)、「体力」(健康でいかなる激務にも耐えることができた) など、校長がどのように「見抜く」か理解に苦しむ評定要素が35項目並んでいる。「見抜いた」時の報告書記入の表現の仕方も「人物評語例」として列挙されている。評価が良くない者への表現の一部を紹介すると、「陰険、こうかつ、ふしだら、軽薄、むらぎ、愚鈍、鈍感、愚図、鈍重、下品、動作かん慢、不器用」など、当事者にも公表されないとはいえ人格を傷つけられ、打ちのめされるような言葉が並んでいる。

また、教育内容においては、1958（昭和33）年の「学習指導要領」官報告示で「法的拘束力」を持つとされて、教師の教育実践に足かせをはめるものとした。その後、「学習指導要領」では、儀式においては「国旗を掲揚するとともに、国歌を斉唱するよう指導するものとする」として「日の丸・君が代」の子どもへの指導を義務づけた。1999年「国旗国歌法」成立によって、東京都教育委員会が「国歌」斉唱の際、起立しなかったり歌わなかったりした教師を大量に処分するという、教師の「内心の自由」に対する大弾圧を行った。政府は「憲法・教育基本法の改正」を推し進めるために、教師の教育実践をも徹底的に管理する必要があったのである。こうして人事と教育内容・実践のあらゆる面から教師管理を強化してきたのである。

（２） **教員管理強化に向けて**――「指導力不足教員」認定制度とその効果――

2000（平成12）年３月に発足した教育改革国民会議は、同年12月、「教育改革国民会議報告――教育を変える17の提案――」をまとめ、「速やかにその実施」を「強く希望する」との意見をつけて内閣総理大臣に提出した。「まとめ」の中で、教員管理については、「教師の意欲や努力が報われ評価される体制をつくる」としていた。この「まとめ」を受けた文科省は、2001（平成13）年１月、「21世紀教育新生プラン～レインボープラン～〈７つの重点戦略〉」と称する教育改革案を出してきた。そのプランの中での教員管理は、「教える『プロ』としての教師を育成」するとして、「優秀な教員の表彰制度と特別昇給の実施」「教員の社会体験研修の制度化（民間企業で社会性を磨く）」「不適格教員への厳格な対応（教壇に立たせない）」と３項目を示すとともに、直ちに法改正に取りかかり、同年７月、地方教育行政法を改正、公布した。国民会議発足から法改正まで１年３カ月という超スピードの制度改訂であった。

「改正」地方教育行政法47条の２において、「教職員……で次の各号のいずれにも該当するもの……を免職し、引き続いて当該都道府県の常時勤務を要する職……に採用することができる。一　児童又は生徒に対する指導が不適切であること。二　研修等必要な措置が講じられたとしてもなお児童又は生徒に対する指導を適切に行うことができないと認められること」としたのである。

同年８月、この法律の施行についての文部科学事務次官通知は、同条１項１号

の要件として、「一　児童又は生徒に対する指導が不適切であること」の具体的な例を示し、「都道府県教育委員会においては、これらを参考にしつつ、教育委員会規則で定める手続きに従い、個々のケースに則して適切に判断すること」としたのである。その具体的な例として、「①教科に関する専門的知識、技術等が不足しているため、学習指導を適切に行うことができない場合（教える内容に誤りが多かったり、児童生徒の質問に正確に答えることができない等）②指導方法が不適切であるため、学習指導が適切に行うことができない場合（ほとんど授業内容を板書するだけで、児童生徒の質問を受け付けない等）③児童生徒の心を理解する能力や意欲に欠け、学級経営や生徒指導を適切に行うことができない場合（児童生徒の意見を全く聞かず、対話もしないなど、児童生徒とのコミュニケーションをとろうとしない等）」を挙げている。

　同条同項2号「二　研修等必要な措置が講じられたとしてもなお児童又は生徒に対する指導を適切に行うことができないと認められること」については、最終的には「第二号の要件は、都道府県教育委員会に対して、新たな指導や研修等を行うことを義務付けたものではなく、これまでの指導等から見て新たな研修等の措置を講じたとしても効果がないと判断できるならば、同号の要件を満たすことになること」としている。つまり「措置を講じても効果がないと判断できれば、わざわざ研修させなくてもよい」と言っているのである。文部科学省は、この通知に基づいて各都道府県で教育委員会規則作成を検討するよう委嘱した。したがって、自治体によって多少の時期的な差異はあるが、全国で「不適格教員」（指導力不足教員）認定制度が検討され、実施に移されていった。

　「指導力不足教員」認定制度の具体例として、2002（平成14）年度から認定作業を始めた愛知県の場合を例に挙げてみよう。愛知県教育委員会は「指導力不足教員対策」として「指導力向上を要する教員の取扱いに関する要綱」を定めた。この要綱では、「指導力向上を要する教員」とは「傷病以外の理由で、指導力不足等により児童生徒を適切に指導できないため、人事上の措置を必要とすると決定された者をいう」と定義づけた。「指導力不足等」の「等」については、その手続きや書式などを定めた要項の中で「児童生徒に対して教科等の指導や生徒指導が適切に行えない教員、同僚・保護者・地域住民等と良好な関係を築けない教員、あるいは教員として適格性に問題のある教員」と定義し、2003（平成15）

年度から「指導力不足教員」を認定、研修させている。

　文部科学省は 2004（平成 16）年 4 月 30 日、2003 年度に全国の教育委員会が「指導力不足」と認定した教員数は 481 人であることを公表した。その数は年々増加しているという。認定された教員のうち、免職 5 人、休職 9 人、依願退職 88 人、認定手続き前に 56 人が自ら退職した。研修を受けた 298 人のうち、職場復帰した者は 97 人である。朝日新聞は「現場の教員の間には『校長の気に入らない教員が指導力不足を理由にして現場から引き離されかねない』『どんな子どもを相手にしているかで教員の指導力は大きく変化するのに』といった不満も出ている」（「朝日新聞」2004.5.1）と報じている。

　愛知県教育委員会は、指導力不足教員研修検討会議で「今回の取り組み（11 人を認定したこと）は、11 人に続く予備軍的な人に対して、抑止力、再発防止の役割を果たした」「今回認定された人たちは、時流に乗っていけない人たちだろうと思われる。これまでも歴任校で同様な状況であった。こうした制度がなかったこれまでは、職場でカバーし合ってきた。制度の立ち上げにより、自ら危機意識を持って変わった人もいる」と発言し、この 11 人の認定が見せしめ的役割を果たしていることを認めている。

(3) 「教員評価」システム ─ 全教職員へ網をかける ─

　全国で実施されている教員評価システムの種類は、絶対評価・相対評価、能力評価・業績評価[2]、それぞれの併用と組み合わせという多岐に及んでいる。

　2010（平成 22）年の文科省の「教員評価システムの取組状況について」によれば、全国 66 教委（47 都道府県・19 指定都市）のうち、評価基準等を公表していないのは 6 教委、評価結果を被評価者へ開示しないのは 8 教委、評価結果の一部しか開示しないのは 27 教委である。苦情相談を導入していないのは 19 教委、苦情処理を導入していないのは 19 教委である。すなわち、自分がどういう基準で評価されているか、どういう結果であるかは闇の中という教委も存在するということである。闇の中では苦情の申し立てようもない。旧来の勤務評定の感覚で行われている教委があるということである。

　文科省「取組状況について」において評価の結果をどのような分野に活用しているかを挙げると、研修、配置転換、昇任、降任・免職、昇給・降給、勤勉手当、

表彰、条件附採用期間の勤務状況判定、指導改善研修の認定、等である。評価結果を活用していない教委も十数教委ある。

こうして、指導力不足教員認定から始まった教員評価は、全国のすべての教員が日常的に管理される制度へと拡大し、定着しつつある。

3. 教員評価の国際的動向と課題
　　── ILO・ユネスコ「教員の地位に関する勧告」[3]を基準として ──

（1） 条件附採用教員の評価

　条件附採用期間は他の公務員は6カ月であるのに対し、教員は1年である。1988（昭和63）年、教育公務員特例法改正により初任者研修を1年とすることに合わせて、条件附採用期間を1年に延長したのである。条件附採用期間の評価については、地方公務員法22条で「…職員の採用は、すべて条件附のものとし、その職員がその職において6月を勤務し、その間その職務を良好な成績で遂行したときに正式採用になるものとする…」としている。すなわち「その間その職務を良好な成績で遂行した」と評価されなければ正式採用とはならない。その評価内容や評価基準は各教委任せであり、多くは「意欲」「能力」について、校長や指導教員、教委指導主事の訪問などで状況の把握に努めているという。

　2011（平成23）年度の条件附採用者の状況について概観してみる。この年の採用総数はおよそ2万5,000人である。そのうち正式採用とならなかったのは315人（最多は東京都の93人）で、内訳は、不採用16人（内訳、教特法12条4人、死亡4人、分限免職1人、懲戒免職6人、欠格条項1人）、依願退職299人（内訳、病気118人（うち精神疾患103人）、自己都合165人、不採用 → 依願退職16人）である。

　新採用者について、「教員の地位に関する勧告」（以下「地位勧告」）39項は、「教員および使用者の双方は、教職に就くための試験的採用期間が、新採用者を励まし、および有益な手ほどきをし、また、その教員自身の実際の教育能力を向上させるとともに適正な専門的基準を確立しおよび維持するための機会であることを認識するものとする。…その試験期間を満足に終了することができなかった場合には、その理由を知らされるものとし、かつ、意見を述べる権利を有するも

のとする」として、「新採用者を励ま」すとともに「有益な手ほどき」をして能力を伸ばし、一人前の教員として育てることを示している。また、63項においても、「いかなる監視または監督の制度も、教員の専門的な職務の遂行にあたって教員を励まし、かつ、援助するように計画されるものとし、また、教員の自由、創造および責任を減じないものとする」として、「励まし」「援助」してやる気を伸ばすように示している。

　この「地位勧告」の精神は、2008（平成20）年の京都地裁判決で認められた。すなわち、京都における新任教員の不採用処分を巡って訴訟となり、その処分を取り消す判決が出されたのである。その判決の中で「学校として、新任教員への支援体制が必ずしも十分ではなかった」ことや、「管理職の原告に対する評価が客観的に合理性を有するものか否かが疑わしい」として、恣意的な評価が行われたことを示唆している。

　新任教員は、初心者としてベテランに比べれば力量不足であるのが普通であるから、条件附採用期間については、職場の支援体制を整え、教育的力量を向上させることを手助けするという、「地位勧告」の示す精神に沿って行われなければならない。

（2）指導力不足教員認定制度

　2001（平成13）年から順次全国的に行われ始めた「指導力不足教員」認定制度が、本人の弁明の機会がないことや組合役員への嫌がらせであったり、研修内容がやる気を失わせるような内容であったりとさまざまな問題点が全日本教職員組合（全教）に寄せられ始めた。全教は、2002年6月、「指導力不足教員」政策導入において、ILO・ユネスコ「地位勧告」が遵守されていないとして、勧告の適用を監督し促進する機構である「共同専門家委員会（セアート　CEART）」に対し、申し立てを行った。共同専門家委員会は全教、文科省双方の申し立てや回答・補足資料などを審議し、そのレポートは2003（平成15）年9月、ILO理事会で承認され、勧告として日本政府と全教に届けられた。

　全教が訴えた「指導力不足教員」認定制度の問題点は次の通りである。

「(a) 略
　(b) 教育委員会の判断により、教員が授業や学級経営を適切に遂行できない

と判断され、必要な措置（現職研修を含む）が講じられても効果がないときには、その教員を教員以外の職へ転職させることができる。代わりの適切な職のない場合には、教員は結局退職を強いられることになる。

(c) 判断基準は教育委員会に任されており、県によってまちまちになっている。

(d) 本質的に教員の命運は校長が左右することができる。校長が教育委員会に提出する不利益な申請を教員本人は見ることができず、反論する十分な意見陳述の機会も保障されていない。

(e) 指導力不足教員という判定に対して不服を申し立て、訂正を求める十分な権利が与えられていない。矯正研修の間、教職を離れた教員が首尾よく研修を終了したとしても、もとの教職への復帰を保障されていない。さらに、研修の内容は教育委員会にゆだねられており、実際に教職とは関係のない内容になっていることもある。

(f) 制度は透明性と公正さを欠いている。申請を検討する委員会に教員代表が含まれていない。この委員会の構成はしばしば非公開とされている。教員本人が委員会で意見を述べることは許されていない」[4]。

　セアートは「全教の申し立ては、この制度は明らかに適正手続きを欠いているというものである」とまとめている。そして、日本政府の回答に対して「（指導力不足教員の認定）申請を検討する際の適正手続きが十分であるとはいえない」「ただ、免職、転職、休職の措置に対して人事委員会に不服申立てができるにとどまる」として、当該教員が意見を表明する機会も権利も何ら保障されていないことを指摘し、現行制度は「地位勧告」の水準を「到底満たし得ない」ことを次のように証明している。すなわち「具体的な内容が本人に知らされることが保障されていない」「判定委員会で意見を述べる権利がない」「限定的な範囲でしか不服申立て行う権利が与えられていない」「判定委員名が明らかにされていず、判定の過程は透明性の高いものとは言えない」というものである。そして「指導力不足教員の判定と措置に関する制度が『勧告』の諸規定に合致するよう再検討されるべきことを強く勧告する」と明確に述べている。

　その後、2004（平成 16）年 3 月、全教はこの勧告に基づいて文科省と交渉を持ち、「地位勧告」を尊重して教育行政を行うよう要求した。それに対して文科

省は「従来、政府がとってきたスタンスと変わらない。『教員の地位勧告』は法的に拘束されるものではない。各国の国情、法制度に従って適用、対応するべきである」と回答し、国際的な確認を尊重する道義的責任をまったく感じさせない。また、「指導力不足教員」判定機関に現場の教職員を参加させることについても「地方分権の時代、箸の上げ下げまで、『ああせー、こおせー』と口を出すことは考えていない」[5]と回答し、教職員のまさに生死に関わる重大事に対して、真剣に対応していこうという誠実さはみじんも見られない。

(3) 教員評価制度

 2003（平成15）年頃より導入されてきた、それまでの勤務評定に代わる新たな「教員評価制度」は、指導力不足教員認定、給与、人事等に「活用」する制度とされてきている。この制度を制定するに当たり、給与に関わってくる制度であるから教員団体は「勤務条件」として協議を要求したが、当局は「管理運営事項」として協議を拒否した。全教はセアートへの申し立てとして、新しい制度を次のように批判した。

「(a) 現行の制度は当事者である教職員団体との十分な協議も、またその承認もなく導入されたものである。実際、協議の要求は、勤務評定制度は管理運営事項であり、協議を要しないとの理由で拒否されている。（以下略）
 (b) この制度では教頭および校長による絶対評価に加えて、教育長が相対評価を行うが、教育長は1万5千人もの教員を評価することになる。このことから、きわめて主観的な要素が入り込まざるを得ない。
 (c) 勤務評定は教員による義務的な「自己申告」から始まるが、校長または教頭はこの「書き換え」を要求することがある。
 (d) 勤務評定は競争的性質を持つものであるため、教員間の協同的な同僚性を損なう傾向が実際にみられるとともに、生徒の成績に基づく高い評価を得んがために個々の教員の専門職的な教育活動が歪められる恐れが多分にある。
 (e) 現行制度では評定結果の本人開示が（教育長の）裁量によるものとされ、しかもこれまでに実施されていないのであり、真に透明性の高い制度であるとはいえない。評定結果に対する不服申し立ても制度化されていない。

(f) 現行制度に対する教員の信頼は概して得られていない。むしろ、教員の意欲と動機づけに負の効果をもたらしている。評価者である校長と被評価者である教員の間の信頼関係に望ましくない亀裂を生じさせている」[6]。

　この申し立てに対し、セアートは、「教員団体と十分な協議がなされていない」「主観的評価」「評価の根拠を知る権利が保障されていない」「公開制、透明性に欠ける」「不服申し立ての権利が保障されていない」などの是正を指摘した。すなわち、地位勧告64項において、「(1) 教員の仕事についてなんらかの直接評価が必要とされる場合には、その評価は客観的なものとし、かつ、当該教員に知らされるものとする。(2) 教員は、不当と考える評価に対して不服を申し立てる権利を有するものとする」として、透明性と不服申し立て権を保障することを明示している。また、82項では、「教員の給与および労働条件は、教員団体と教員の使用者との間の交渉の過程を経て決定されるものとする」としているから、当然のこととして124項では、「給与決定を目的とするいかなる勤務評定制度も、関係教員団体との事前協議およびその承認なくして採用され、または適用されないものとする」としており、「管理運営事項」として交渉を拒否することは、これらに抵触するものである。

　現時点では、日本政府は「誤認、誤解が多い。受け入れ難い」と、これらの勧告に誠実に応えようとはしない。しかし、「地位勧告」は、国際的な基準であり、法的拘束力の有無にかかわらず、政府がこれを実践していくことが求められる。

　条件附採用教員の処遇や評価の在り方、指導力不足教員の認定、教員評価制度について、国際教育基準から大きく立ち遅れ、ひいては教育条件の改善を遅らせていることにも大きく関係している日本の現状を、広く保護者・国民に知らせ、より良い教育と教育条件を確立することが必要である。まさに、「地位勧告」8項にいう「教員の労働条件は、効果的な学習を最もよく促進し、かつ、教員がその職業的任務に専念できるようなものとする」こと、すなわち、教師にとっての労働条件は、子どもの学習権を守り発達を手助けする教育条件であるのである。

注

1) 愛知県教育例規集平成 10 年版「愛知県市町村立学校職員の勤務成績の評定に関する規則」の「勤務評定要綱（昭和 58 年 11 月 21 日 58 教総第 342 号）」では、「職員の勤務の実績並びに執務に関連してみられた職員の性格、能力及び適格性を統一的に記録して人事管理の合理化を図り、もって公正な人事行政の確立に資することを目的とする」としている。
2) 能力評価（職員がその職務を遂行するに当たり発揮した能力を把握した上で行われる勤務成績の評価）、業績評価（職員がその職務を遂行するに当たり挙げた業績を把握した上で行われる勤務成績の評価）（総務省「人事評価」から）。
3) 「教員の地位に関する勧告」の項目文はすべて、市川須美子他編『平成 25 年版　教育小六法 2013』学陽書房による。
4) 堀尾輝久・浦野東洋一編著『日本の教員評価に対する ILO・ユネスコ勧告』つなん出版 2005 年、162-163 頁。
5) 勝野正章・小島優生・新堰義昭・山田功著『「いい先生」は誰が決めるの？今、生きる ILO・ユネスコ勧告』つなん出版、2004 年、35 頁。
6) 堀尾輝久・浦野東洋一編著、前掲書、167-168 頁。

第5章　学校施設・設備と教職員

1. 学校施設計画・運営の課題

(1) 学校施設整備に関わる当事者の意思

　本章では、学校施設・設備とそれにかかわる教職員の役割や考え方について検討する。ハードとしての学校の物的環境は、教職員が取り組んでいる学校の教育・学習活動に大きな影響を与えている。同時に、ソフトとしての学校の諸活動は、施設・設備をどうするかという視点から考えることで、より効果的な実施を企図したり、新しい可能性を考えられたりもする。

　学校施設整備の際、学校建設にかかわる主な当事者として、設計者、地域住民、学校の教職員が挙げられる。これらの意思は、それぞれ、次のような形で表に現れる。

　設計者の意図が強く反映される場合、独創的な学校が建設される。建築としては、挑戦的な建物ができあがるが、一般的にそれを使うことになる教職員の評判はあまりよくない。とくに、建築界において賞の栄誉を与えられるような斬新な建物は、残念ながら、教職員にとっては使いにくかったり、基本的な性能において問題を抱えていたりする例がいくつも見られる[1]。建設後何年か経過して、建設当時の職員が異動になったあとには、設計のコンセプトが伝えられず、使われる当事者から愛される建物となっていない場合も少なからずある。

　近年、学校を地域や住民の財産として捉え、その意思を反映させようとする考え方が広がっている。ワークショップなどを実施しながら、意見を取り入れる例も見受けられる。しかし、学校をもっとも日常的に使うのは、住民よりもむしろ教職員や児童生徒であり、地域の意図を中心となるユーザーの意思よりも重視することは、必ずしも適切であるとは言い切れない。住民を巻き込んだ学校建設は、継続性を担保しなければ、イベント的に終わってしまう危険性もあり、学校の教育活動とは関係のないモニュメントを造ってしまう場合も無くはない。

では、中心的なユーザーである教職員の意見を反映すれば、よりよい学校が建設されるのか、というと、それも怪しい。教職員は、しばしば矛盾した意思を示してしまうことがある。例えば、「子どもが自然に親しめる学校が望ましい」と夢を語った教員が、いざ設計の段階になると、「なるべく管理の楽な学校にしてほしい」と主張して植栽を忌避するなどということは珍しくない。概して、教職員は、革新的な学校施設が建設されることを望んでいない。

学校の施設建設に望まれるのは、これらの当事者間の意思の調整を図りながら、学校の教育・学習活動を支援できる、よりよい学校施設・設備が実現できることである。

(2) 地域づくりの課題としての学校建設

今後、地域に根ざした学校経営は、学校教育の充実を図るための方策として、必要不可欠なものである。直接的に地域とのつながりを体現する学校施設の先進事例が、全国的にいくつも建設され、注目を集めている[2]。

埼玉県志木市立志木小学校は、地域開放のためのホールや、市の図書館の分館を学校図書館として併設した複合型の施設として建設された。日常的に市民も出入りする図書館は、学校の職員室に隣接して設置されている。調理室や和室などの特別教室は、市民も利用しやすいように設計段階から工夫されている。

三重県いなべ市立石榑小学校は、地域との密接なつながりを活かして建設された施設を持っている。設計者は、50回を超える住民ワークショップを実施して、意見聴取を行った。「石榑茶屋」と呼ぶ住民の憩いのコーナーを設置し、特別教室や学校図書館を地域開放に供する設えが施されている。

新潟県の聖籠町立聖籠中学校は、学校の入り口部分に地域交流棟を置き、地域とのつながりを明確に示している。教科センター方式を採用して、授業ごとに生徒が教室を移動する環境は、生徒の自立や成長を促す効果を期待している。町民ホームベースには町民による支援組織のメンバーが常駐し、学校の運営をバックアップしている。

このような施設計画・建設の前段階として、どの学校段階でどのような地域――学校間関係を企図するか、という点について検討する必要がある。小学校の学区は、地域の基盤としてのつながりを支えるもっとも基礎的な単位である。聖

籠中学校の場合は、中学校が地域の文化の拠点としての役割を担っている。学校運営への地域の参画の必要性は異論を待たないものの、どのような地域—学校間関係をつくっていくか、という方針については、地域的・組織的な合意が求められる。校長が代わる度に方針が転換するのでは、安定した教育活動が保障できない。

近年では、幼稚園（保育所）—小学校—中学校での教育活動の連携協力を図っている地域もある。統一したカリキュラムの策定や、行事での交流などのメニューで連携が実施されており、このような集合体としての学校が地域と連携を深めていくモデルを推進できる施設運営が目指される必要がある。地域拠点の設置や施設開放、学童クラブ等の併設などにより、地域と子どもの学習・生活の充実が図られる。地域連携型学校施設の注目される事例は、建築を主導する行政の強い意思や、学校を支える強い地域の存在が前提する場合が多い。

（3） 教職員と学校施設の整備・管理

上記で見たような地域とのつながりの強化は、学校の教育活動にとっても支援要因となり、ハードの面でもソフトの面でも、学校を開いてよりよい連携協力を構築していくことができる。しかし、一方で、学校施設の管理をめぐっては、教職員の手に余る問題が多く発生していることも否めない。学校施設の整備や管理をめぐる教職員の役割は、重要性を増している。

住宅の密集する都心部においては、一般が想像する以上に学校は地域の迷惑施設であり、寄せられる苦情への対応は深刻である。学校行事や音楽系の部活動が出す音がうるさい、運動場から砂ぼこりが巻き上がる、樹木の落葉が迷惑である、校舎が景観を損なったり日射をさえぎったりする、周りの住宅が校舎から丸見えである、学校周辺を走る部活動の生徒が交通のじゃまである、通学の児童生徒のマナーが悪い等々、日常の教育活動にも影響を及ぼしかねない。学校に協力的である住民の人数も決して少なくないが、苦情は一つひとつの影響力が大きい。

学校施設管理の関心の中心は、その時に起こる災害や事故によって変動する。地震や津波といった自然災害と共に、学校における不審者対策や事故防止は、児童生徒の命にかかわる重要な課題である。不審者問題への対応は、学校を開いて、

保護者や地域住民の力を借りて、協力して取り組むことが有効であると言われている。しかし、過去の事件に見られるような、凶悪な不審者への対応は、最終的には警備員の配置のような対策を考えざるを得ない。

　階上からの転落、遊具の使用によるけが、サッカーゴール等器具の転倒、プールの飛び込み時の打撲や排水口への吸い込み、防火シャッターの誤作動、通学路の危険箇所など、校内外のいたるところに事故の危険性が潜んでいることは、多くの教員にとって心配の種である。東日本大震災以降、建物の耐震化に加えて、非構造部材の耐震化という新しい課題が明らかになっている。アセトアルデヒドやPCB、アスベストといった化学物質への対応を含み、施設設備に関する日常的な子どもの安全確保について、教職員は熟知しなければならない。

　AEDの学校への配備も整っているが、いざという時にそれを本当に使用できるか、その電池の管理はどのようになっているか、などといったところまで、教職員が対応しなければならないとしたら、専門的に考えても、それはもうオーバーワークになっていると考えたほうがよいかもしれない。何らかの形で、学校施設管理者を置くことが期待される。

2. 学校施設整備の新たな前提

（1） 学校統廃合による影響

　学校施設整備に重大な影響を与えているのは、学校統廃合である。農山村や都心部での統廃合が進み、学校の数が減っている。平成に入ってからの自治体の合併によっても、多くの学校が対象となって統廃合が進んでいる。

　文部科学省の廃校施設等活用状況実態調査の結果報告（2012年9月14日）によると、1992年度から2011年度までの20年間で、廃校となった公立学校（小学校、中学校、高等学校および特別支援学校）の数は6,834校であった。建物が現存する4,222校のうち7割を超える2,963校が、社会体育施設、社会教育施設、体験交流施設、文化施設、老人福祉施設、保育所などの児童福祉施設、民間企業の工場やオフィスなど、さまざまな用途に活用されていたが、残りの建物はまだ未活用の状況にある。行政上の課題としては、ソフトの点では学区組みなおしなどの地域再編があり、ハードの問題としては廃校施設の活用がある。

統廃合が地域や子どもたちの学習・生活に与える影響は看過できない。岐阜県高山市では、2005年2月の市町村合併によって、9つの町村を編入して東京都に匹敵する面積の市となった。市の東部に位置する旧朝日村・旧高根村の4つの小学校と2つの中学校は、それぞれ1つの小学校、中学校に統合された。子どもたちは、川沿いの国道をスクールバスで1時間近くもかけて通ってくる。このような風景は、山間部ではめずらしくない。教職員が、子どもたちのことを考える際の前提も大きく変化している。意外にも、山間部の子どもたちのほうが、家から学校までの道のりを歩いていない。豪雨や豪雪などの際の学校の不安や対応の困難さは、校区の拡大によって増加している。早めに子どもを家に帰す、と言っても、そのタイミングを見計らうことは難しく、自宅のある地域と学校のある地域では、気象状況が異なる。村を越えた合併は、吸収した側の旧学区の子どもたちにとっては、地元の拡大を意味するし、まして編入先の市のことをこれまでのように「ふるさと」として捉えることは困難かもしれない。地域との連携や、具体的な学習課題の設定において、教員は新しい枠組みを考えていく必要がある。国道が整備されて、町から通勤できる状態は、地域と教職員が離れていることを意味しており、地域のことを知ることも教員にとって難しくなっている状況がある。

　奈良県十津川村の十津川中学校では、村内4つの中学校を統合して、寄宿舎を併設した木造の新校舎が2012年に竣工した。村の建物は、川沿いの狭小地に建っており、建物のすぐそばまで山が迫っている。橋を渡って中学校へアプローチする道も崖の脇を通らざるを得ない。村に甚大な被害を与えた2011年の台風12号の折、増水した川の水は中学校のすぐ下まで迫った。このような状況下、保護者の送り迎えで遠距離を通うことを選ぶ生徒もおり、寮生活が強く望まれているわけではない。

　廃校後の建物利用について活用が進むことは、資源の有効利用の点でも地域に資する。教員の集団的な力の発揮やとくに初心者を中心とする力量形成の点から、ある程度の規模の維持が望ましいと考えられる場合もある。しかし、子どもの生活と学習を最大限優先させる学校の設置を保障する必要がある。

（2） 人口増加による影響

　人口移動や少子化の影響を受けて、農山村や1970～1980年代に急速に発達した住宅地で子どもの数が減っている一方で、分譲が進んでいる住宅地など一部地域では、一時的に子どもの数が増加している。

　三重県の朝日町は、国勢調査によると、2005年から2010年までの人口増加率35.3％が全国最高の市町村となった[3]。面積的には三重県でも小さな町であり、町内の小学校は朝日小学校1校のみである。児童数は2004年度の382人から年を追って407人、437人、498人、537人、628人、737人、819人と文字通り急増している（表10参照）。同小学校は一部校舎を改修したものの、2013年度に不足すると見られる最大10教室を、「幼保一体化施設完成後に現在の中央園を改修して確保」するほか、2008年には、2階建て5教室のプレハブ校舎を建設して仮設校舎で対応することとした。学級数は2013年度の26学級832人をピークに漸減すると予想されていた[4]。市の統計によると2013年4月の児童数は、当初の予測を超えて33学級933名となっている。

表10　朝日町の児童数の推移

年度		2008	2009	2010	2011	2012	2013	2014	2015	2016	2017
広報予測	児童数	569	660	743	783	821	832	839	769	706	651
	学級数	17	21	24	24	24	26	25	23	21	20
市の統計	児童数	537	628	737	819	888	933				
	学級数	20	23	26	28	30	33				

出典：「広報あさひ」No.517（2008年4月号）、三重県朝日町。および、「朝日町データ　児童生徒数及び学級数」http://www2.town.asahi.mie.jp/secure/1386/H24.gakkou.pdf（アクセス日2014年7月28日）より作成。

　児童生徒数の急激な変化は、高度経済成長期の児童生徒増にも見られたが、その影響が地域的なものである点で、過去のそれとは状況が大きく異なっている。一小学校区が宅地造成により受ける影響は大きく、学習環境が急変する。住民の学校への要求が強まる時代にあって、地域の状況が大きく異なることに起因する格差の拡大への対応は、行政としても困難な問題になる。技術的には、仮設校舎の空調の完備や質的向上により、学習環境の安全性・快適性を保つことは可能に

なるが、自治体の支出や企業利益の点からはそのような施設整備が注目されにくいかもしれない。

　少人数学級、少人数指導の効果を重視すれば、特定地域に出現する急激な児童生徒増には、とくに力を入れた対応が求められる。少なくとも、手厚い人的対応によって、教育条件の低下がある程度は補われる必要があるだろう。

(3)　学校施設の更新と維持管理

　昨今、インフラストラクチャーの老朽化が、随所で問題化している。自治体にとっても、今後の施設設備の維持管理は財政逼迫の際の重要課題となっており、ファシリティマネジメントの考え方を進めて、公共施設の効率的運用を図ろうと計画が進んでいる。従来のように、次々と学校の建物を新築するのではなく、改修により建物の延命を図ったり、公共施設の再配置を検討したり、といった工夫が求められる。文科省は、学校施設の長寿命化のための改修方法についての提案を行っている[5]。

　今後は、一校まるごと新築するのではなく、校舎の一部を改修、一部を改築、というような部分改築の事例が増えると考えられる。仮設校舎の設置が可能であれば、児童生徒が移動して工事を行うことが可能である。しかし、仮設校舎設置が許されない場合は、教室移動によって細切れに工事を進めたり、空き地に新校舎を建設して完成後に移動したりするといったパズルのような改築プランを作成しなければならない（図2〈建て替えの手順〉を参照）。一般に、南北2棟の校舎が並ぶ学校施設の場合、北側の校舎の建設が古い場合が多いため、北校舎が改築対象となると、南側校舎にさえぎられた北側の土地は、何に利用するにしても自由度が低くて不便である。敷地利用の制約を受けて、学校全体の使い勝手のよい施設計画を実施することはなかなか難しい。

　校地の移動ができない場合、現状の活動にまったく支障がないままの改築は不可能である。校舎を使いながらの改築・改修の場合、一部施設の使用制限・禁止とそれに伴う教室等のやりくりや、工事の騒音や車両の通行などによる危険防止、学校周辺地域との折衝など、子どもの学習・生活環境の保全や地域にかける負担の軽減を学校として対策しなければならない。

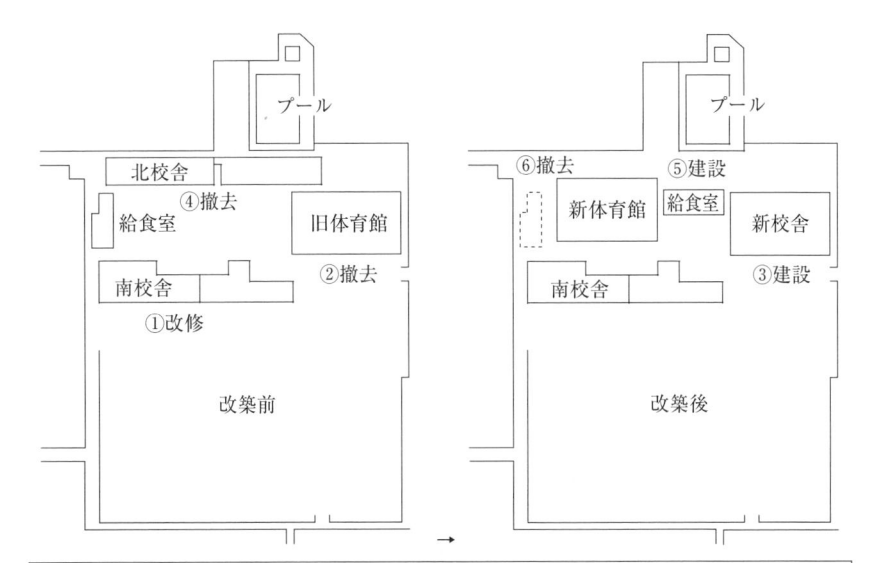

第5章　学校施設・設備と教職員　175

〈建て替えの手順〉①南校舎改修 → ②旧体育館撤去 → ③新校舎建設 → ④北校舎撤去 → ⑤新体育館・新給食室建設 → ⑥旧給食室撤去

〈改築後の計画の工夫〉少人数学級編成を可能にする普通教室数の確保。各種教室の再配置（例えば、職員室を南校舎2階から1階へ移動）。2階建新校舎に1〜4年生、4階建南校舎に5・6年生教室を置き、特別教室は高学年が利用しやすいように南校舎に集中配置。特別支援教室は新校舎1階に置き、2教室分のスペースを確保し、3教室に分割可能な可動間仕切りを設ける。集団学習のスペースを複数確保。給食室2階に多目的ルームを設置。児童の意見を取り入れた中庭の整備。

図2　愛知県犬山市における羽黒小学校の改築（2010〜2013年度）

　学校の改築・改修に際しては、教室の再配置、現状の問題の改善、新しい教育実践に対応できる可能性がある。現有校舎の建て替え・改修には、現在の使い手の意見をよりよく活かすことが期待できる（図2〈改築後の計画の工夫〉を参照）。教職員の立場から、より使いやすく、子どもの学習に資する学校環境改善を提案できる素地をつくっていきたい。設計者と協力する機会が得られるときに、プランや意見を積極的に提示することで、公的財産の有効利用にもつながる。コンセントの位置とか数といった使い勝手の提案に留まらず、学校経営や学習指導に資する環境整備の役割の一端を担うことが望まれる。

3. 学校教育改革と学校施設・設備の整備

(1) 学校施設整備とつながる教育・学習活動

　新しい学校施設整備に関しては、上記で見たような学校経営上の問題のほかに、環境教育や安全教育といった子どもの学習や生活に密接に結びつく教育的課題が出てきている。

　サスティナブル（持続可能）な社会の構築という観点から、環境に配慮した建材の利用や完成後の省エネルギーを実現するエコロジカルな学校建設が求められている。

　豊田市立土橋小学校は、環境省による「学校エコ改修と環境教育事業」補助金を受けて、学校施設のエコ改修を行った[6]。この事業の特徴は、「ハード整備に加え、その改修を素材として、地域への環境建築等の技術普及や学校を核とする地域ぐるみの環境教育を展開すること」にあった。学校の校舎改修としては、日射・遮蔽・遮熱ルーバーや太陽光パネルの設置、壁や二重窓といった断熱工事の実施、エコトイレの設置などを行った。同校では、学校ぐるみで ESD（持続発展教育）の考え方を取り入れ、子どもたち自身が学校の訪問者に対して校舎を紹介することのできる「エコガイド」となるような学習プログラムを、設計者や専門家の協力を得ながら策定し、実施している。1、2年生は生活科、3～6年生は総合的な学習の時間を使い、他教科・次学年の学習とのつながりを考慮した実践プログラムに基づいて、子どもたちは実験や測定、観察などを行って、主体的に環境に働きかけることを学んでいく。水の使用を節約したトイレは、子どもたちの意見を取り入れてつくられた。壁面には、児童が原画を描き、施工を実際に手伝ったタイル絵が飾られている。

　1-(3)で見たような自然災害や学校事故、不審者対策といった学校の危機管理の課題は、ハードとしての学校建築がそれらの問題状況にできる限り対処できるように設計・運用されるべきである一方で、教職員や子どもたち自身がソフトの面での対応をできるようにする点が課題となっている。

　とくに、従来、建物の倒壊防止の対策や避難を課題としてきた地震時の対応は、2011年3月11日の東日本大震災以降、津波への対応も考慮する必要がある

ことが明らかになった。周知のとおり、石巻市の大川小学校で多くの子どもと教員が津波の犠牲になった一方で、釜石市では、震災以前から行われていた津波防災教育の成果によって、学校管理下にいた子どもたちの命が救われた。

　専門家は、防災教育を学校のカリキュラムとして、授業の中できちんと扱っていくよう充実させる必要があると述べている[7]。教員の職務としても、子どもの安全確保に関する教員研修の充実が望まれる。学校の災害対応は、さまざまな点で見直される必要がある。例えば、避難訓練は停電で校内放送が使えないという前提も加味する、子どもの保護者への引渡しは安全の確保が完全に確認された後に行う、校長や教頭が不在である場合や休み時間中も想定した災害対応を検討する、情報収集と連絡の手段や分担を見直す、非構造部材の耐震化について教職員の目からもチェックを行うといった点である。東日本大震災の経験を語った教職員たちの記録は、教員研修の材料としても大切な資料となる。

（2）学校環境整備と教員の取り組み

　実際の教育活動とのかかわりにおいては、教室まわりの問題として教員の関心が高いものは、掲示と収納である。とくに、小学校の教室においては、絵画、習字、合奏といった活動のための道具を、個人の人数分備えておくための場所や、作品の乾燥・収納場所が必要と感じられている。

　各教室について見ると、すべての児童の作品を壁面に掲示することが、一般的となっている。教室の後と横の壁面、廊下に面した側の教室壁面は、児童の作品が掲示され、教室背面のロッカーの上は立体作品の展示スペースになることが多い。このような掲示や展示の方法については、子どもたちがお互いの作品を見合うよい機会であるに違いない。しかし、それらの掲示物を見ながら、意識的に学習する場面があるかどうかは、不明である。すべての児童の作品が、平等に掲示されることが重要と考えられている。特別な作品を展示するスペースが求められるわけではない。

　誰も気に留めない掲示物を校長室の壁などに掲げることを問題視する研究者もいるように[8]、漫然と掲示・展示することに対しては少し意識して注意を払う必要がある。各種のお知らせなどの情報は、児童生徒の学習効果を踏まえて掲示・展示されるべきであるし、児童生徒の作品は、貴重な空間を使って、保護者

の参観向けだけに置かれるべきではない。もちろん、仕事が増加する中で掲示・展示を更新する教員の苦労は推察できるが、だからこそ、掲示・展示されたものは学習材として有効に使われる必要があるだろう。

学校には、教材のほか教室で使用する機材など、多くのものを収納するスペースが必要であると考えられている。しかし、使わないまま死蔵される備品類も少なくない。吟味されないままに収納される物品や、特定の教師が「趣味的に」配備する備品は、いずれかの局面において、整理される必要があるだろう。

中学校における教室環境の最大の要求は落ち着き、すなわち「管理」にある。教員は、生徒の秩序が保たれるか大きな不安を感じている。そのため、とくに中学校では、職員室からの死角があるような設計は最も忌避されるし、「おもしろい」設計は教員から求められない。この苦悩は、ある意味、今日の中学校の抱える問題状況を端的に表している。よりよい中学校教育の実現のためには、可能な部分からでよいので、学校施設には統制ばかりでなく、積極的・創造的意義の付与された空間を生み出していくことが必要である。

日進市立竹の山小学校・日進北中学校は、小中併設の学校施設を持つ[9]。学校の中心には、児童生徒の交流する中庭と図書館が設けられている。小中の体育館にはさまれた人工芝広場も、休み時間に児童生徒が集まってくる場所になっている。子どもたちの活動を活性化させるスペースを効果的に用意し、よりよく使うことで、学習や交流の効果を高めることが期待できる。教職員には、そのような空間を積極的に提案することが求められる。

(3) 望まれる学校施設計画と教育的関心

学校施設の計画上の工夫で、教職員から好意的に受け止められている内容としては、例えば①図書館の中央配置、②大き目の普通教室、③集団活動用の空間整備、④少人数指導用教室の準備、といったものが挙げられる。

「朝の読書」の普及による読書活動の振興によって、学校図書館に対する注目度は高まっている。従来は、学校の隅に位置していた図書館は、機能的・物理的に学校の中心部に位置することが求められるようになっている。図書館利用教育については、まだ今後の議論の深まりを待つ必要がある。読書活動に対する関心が表面的で、学習目標が読む書籍の冊数の増加に留まっている場合もある。自分

の心に残る1冊や友達に紹介したい本に出会うといった質的な課題を掲げたり、授業や課外での調べ学習で図書館を利用したり、日頃は図書館に足が向かない児童生徒が本に親しもうとする整備を教師が行ったりするような活動に取り組むこともできる。保護者や支援者による読み聞かせ活動に取り組む学校は多く見られるし、保護者・児童生徒も巻き込んで選書を行うような学校もある。図書館を使った生徒の幅広い活動を支援するような実践[10]に倣うこともできる。先に挙げた日進市の学校では、図書館に入りきらない書籍を教室周辺のオープンスペースに置き、学校全体を「図書館化」することが教員から提案されて実現した。

体格の大きくなった児童生徒が生活し、新しい規格の大きな机が入り、移動式の大型モニターや現物投影機を使った授業などを可能にするためには、教室は従来よりも大きく設計される必要がある。少人数学級が実現するのであればこの限りでないが、その場合は、少人数学級編成を行うのに十分な教室数が確保される必要がある。多様な学習に対応できる多目的教室が導入されて30年になるが、学習によく使われているのは、教室に隣接するオープンスペースではなく、むしろ、少人数指導のための教室や、少しだけ離れた場所に置く集団活動のスペースであるようだ。

教員は、学習に必要なスペースを模索して提案する必要があり、設計者は学習を活性化させるスペースを考案するように専門性を発揮することが望まれる。学習空間のよりよい整備によって、自明であるように見える学習のあり方を少しずつでも充実させることができる。

注
1) 笠井尚「名建築でも現場は『使いにくい』」『建築ジャーナル』2013年6月号、22-23頁。
2) 地域とのかかわりでの学校建設を考察したものとしては、笠井尚「地域住民の学校経営参加と学校施設の建設 ― 学校の設計や学習環境整備への意思の反映 ―」『日本学習社会学会年報』第9号、2013年、25-29頁、を参照されたい。
3) 総務省統計局「統計トピックス No.57」2012年3月27日。とくに就学年齢の子どもを持つ世帯が、特定の地域のみ増加していることが指摘されている。「平成19、20年の土地区画整理事業により、丘陵地の住宅開発が行われた『向陽台』及び『白梅の丘』地区の人口構造をみると、30～39歳及び10歳未満の人口が多くなっています」(6頁)。
4) 『広報あさひ』No.517、三重県朝日町、2008年4月号。

5) 文部科学省『学校施設の長寿命化改修の手引〜学校のリニューアルで子供と地域を元気に！〜』2016年1月。
6) 豊田市立土橋小学校「持続可能な未来を創るecoガイドの育成」『スクールアメニティ』ボイックス、2013年11月号、49-54頁。
7) 具体的なカリキュラムとしては、釜石市教育委員会・釜石市市民部防災課・群馬大学災害社会工学研究室による「釜石市　津波防災教育のための手引き」（2010年3月）がある。これを指導した群馬大学の片田敏孝や兵庫県立舞子高等学校環境防災科の諏訪清二は、防災教育の充実を提案している。片田「これからの防災教育に求められることは何か」、諏訪「新教育課程において防災教育・減災教育をどう深めるか」（いずれも『教職研修』教育開発研究所、2011年11月号）。東日本大震災をめぐる危機管理の問題について詳しくは、笠井尚「学校の危機管理と教育法」（篠原清昭『教育のための法学』ミネルヴァ書房、2013年、209-223頁）参照。
8) 中島義道『〈対話〉のない社会—思いやりと優しさが圧殺するもの』（PHP新書、1997年）。
9) 『スクールアメニティ』ボイックス、2013年8月号、32-43頁など参照。
10) 成田康子『みんなでつくろう学校図書館』（岩波ジュニア新書、2012年）。

執筆者一覧
(執筆順。※印は編者)

酒井博世　　(さかい・ひろよ)

   1945 年生
   名古屋大学大学院教育学研究科博士課程後期課程単位取得退学
   名城大学大学院大学・学校づくり研究科、教職センター教授
   【主要著書・論文】
   『発達と教育の基礎理論』(著書)(叢書『教育学講義』第2巻) 教育史料出版会、1988 年
   『現代日本の教育と学校参加』(共編著) 法律文化社、1999 年
   『現代教育と教師』(共編著) 大学教育出版、2006 年
   担当章　第Ⅰ部第1章、第Ⅲ部第3章3

村瀬桃子　　(むらせ・とうこ)

   1973 年生
   名古屋大学大学院教育発達科学研究科博士課程後期課程単位取得退学
   山形県立米沢女子短期大学講師
   【主要著書・論文】
   「山室民子の純潔教育論」新海英行編著『現代日本社会教育史論』日本図書センター、2002 年
   「『純潔教育』・『性教育』の用語の変遷に関する一考察 ― 教育学辞典および事典の見出し語の検討を中心に ―」『中部教育学会紀要』第3号、2003 年
   「山本宣治宛の性や生殖に関する相談書簡についての一考察 ― 男性からの相談を中心に ―」(研究ノート)『教育学研究』第72巻第2号、2005 年
   担当章　第Ⅰ部第2章

柴田康正　　(しばた・やすまさ)

   1954 年生
   名古屋大学大学院教育発達科学研究科博士課程後期課程単位取得退学
   愛知県立大学非常勤講師、愛知県立大学教育福祉学部客員研究員
   【主要著書・論文】
   「フィンランドにおける教員養成の実際 ― ヘルシンキ大学の教育実習に焦点を当てて ―」『教育自治研究』第23号、東海教育自治研究会、2010 年

「学習指導要領における『宗教的情操』―『生命に対する畏敬の念』をめぐって―」『教育』No.698、国土社、2005年

「子どもへの信頼感によって深まる教師の共同―子どもの『荒れ』と向き合いながら教師を楽しむ―」『教育』No.684、国土社、2003年

担当章　第Ⅰ部第3章

※早川教示　（はやかわ・きょうじ）

1944年生

愛知教育大学卒業

名古屋芸術大学非常勤講師

【主要著書・論文】

『五人の天使を胸に』労働旬報社、1983年

『現代教育と教師』（共著、榊達雄・酒井博世・笠井尚編）大学教育出版、2006年

『私の教育実践ノート』かもがわ出版、2008年

担当章　第Ⅰ部第4章、第Ⅲ部第4章

髙木正一　（たかぎ・しょういち）

1949年生

岐阜大学教育学部卒業

元岐阜県立高校教員

【主要著書・論文】

「体罰110番への声」『いのちかがやく明日へ』教育をよくする岐阜県民会議、1989年

「大垣日大高校争議の経過（の概要）とその後」『教育自治研究』第24号、東海教育自治研究会、2011年

「岐阜県立高校における管理主義教育の実態」『子どもの権利かがやく明日へ』岐阜県「管理主義教育」調査研究委員会、1997年

担当章　第Ⅰ部第5章、第Ⅱ部第3章

※片山信吾　（かたやま・しんご）

1966年生

名古屋大学大学院教育学研究科博士課程後期課程単位取得退学

名城大学教職センター准教授

【主要著書・論文】

「改正教育基本法第13条連携条項に関する考察―子ども管理的側面を中心に―」『名城大学教職センター紀要』第4巻、2007年

「株式会社立高校とはどのような学校か」『教職研修』2009年4月号

『教育のための法学 ── 子ども・親の権利を守る教育法 ──』（共著）、ミネルヴァ書房、2013 年
担当章　第Ⅱ部第 1 章、第Ⅲ部第 3 章 1、2

※榊　達雄　（さかき・たつお）

1940 年生
名古屋大学大学院教育学研究科博士課程満了
名古屋大学名誉教授、名古屋芸術大学名誉教授
【主要著書・論文】
『教育法制と教育権』（勝野充行と共著）福村出版、1976 年
『教育「正常化」と教育運動』（編著）福村出版、1980 年
『現代教育法制の構造と課題』（仙波克也と共編著）コレール社、2010 年
担当章　第Ⅱ部第 2 章、第 5 章

大橋基博　（おおはし・もとひろ）

1953 年生
名古屋大学大学院教育学研究科博士課程単位等認定
名古屋造形大学造形学部教授
【主要著書・論文】
『資料で読む教育と教育行政』（共編著）勁草書房、2002 年
「新教育基本法と学習指導要領」『日本教育法学会年報』第 42 号、2013 年
「教育委員会法をいま、読み直すことの意味」『いま、読む「教育委員会法の解説」』民主教育研究所編、2013 年
担当章　第Ⅱ部第 4 章、第Ⅲ部第 2 章

式庄憲二　（しきしょう・けんじ）

1947 年生
日本福祉大学社会福祉学部卒業
桜花学園大学・名古屋短期大学教育企画部長・保育コンソーシアムあいち事務局長
【主要著書・論文】
『何のための大学評価か』（共著、東海高等教育研究所編）大月書店、1995 年
「現任保育士研修の意義と今後の課題」（共著）『保育士研究』第 25 号、全国保育士養成協議会、2007 年
『大学を変える』（共著、東海高等教育研究所編）大学教育出版、2010 年
担当章　第Ⅲ部第 1 章

笠井　尚　（かさい・ひさし）
1965 年生
名古屋大学大学院教育学研究科博士後期課程中退
中部大学全学共通教育部教職課程教育科教授
【主要著書・論文】
　『教頭のフットワーク・ネットワーク』（編著）（教職研修総合特集）教育開発研究所、2013 年
　『教育のための法学』（共著、篠原編）ミネルヴァ書房、2013 年
　『現代教育と教師』（榊・酒井と共編著）大学教育出版、2006 年
担当章　第Ⅲ部第 5 章

教育実践と教職員
― 教職理論の課題 ―

2014 年 11 月 20 日　初版第 1 刷発行

■ 編 著 者 ── 榊　達雄・早川教示・片山信吾
■ 発 行 者 ── 佐藤　守
■ 発 行 所 ── 株式会社　大学教育出版
　　　　　　〒 700-0953　岡山市南区西市 855-4
　　　　　　電話（086）244-1268　FAX（086）246-0294
■ 印刷製本 ── モリモト印刷

© Tatsuo Sakaki, Kyoji Hayakawa, Shingo Katayama 2014, Printed in Japan
検印省略　　落丁・乱丁本はお取り替えいたします。
本書のコピー・スキャン・デジタル化等の無断複製は著作権法上での例外を除き禁じられています。本書を代行業者等の第三者に依頼してスキャンやデジタル化することは、たとえ個人や家庭内での利用でも著作権法違反です。

ISBN978-4-86429-288-7